争いから交わりへ

2017年に宗教改革を共同で記念するルーテル教会とカトリック教会

一致に関するルーテル＝ローマ・カトリック委員会
ルーテル／ローマ・カトリック共同委員会◉訳

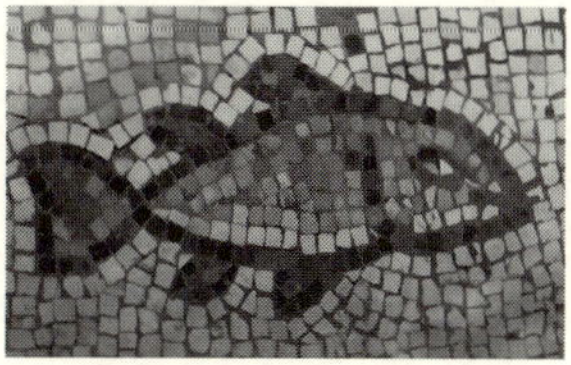

教文館

推薦の辞

日本カトリック司教協議会会長・大司教　ペトロ　岡田武夫

このたび、ルーテル／ローマ・カトリック共同委員会訳『争いから交わりへ――二〇一七年に宗教改革を共同で記念するルーテル教会とカトリック教会』が刊行される運びとなりましたことを心から喜ばしく思っております。翻訳の労をとられた共同委員会の委員の皆様と、今回もこのようなエキュメニカルな文書の出版をお引き受けくださった教文館の責任者とご担当者に御礼申し上げると共に、本書をカトリック教会、ルーテル教会だけでなく、キリスト教に関心を持つ多くの方々が手に取ってくださることを願い、お勧めします。

本書は、第二バチカン公会議後、一九六七年に開始した国際レベルのルーテル教会とローマ・カトリック教会の正式な二教派間対話の場である「一致に関するルーテル＝ローマ・カトリック委員会」が、二〇一三年に発表した共同文書の翻訳です。

一五一七年一〇月三一日付で、マルティン・ルターがドイツ、ヴィッテンベルクの城教会にいわゆる『九五箇条の提題』を掲げたことが宗教改革の始まりとされます。その後の西方教会の分裂の歴史は大きな痛みを伴うものでしたが、それから五〇〇年を経た二〇一七年、ルーテル教会とカトリック教会は、宗教改革を共同で記念するという前例のない取り組みを、世界レベルでも地域レベルでも行おうとしています。この試みは、第二バチカン公会議後の活発なエキュメニカル対話によって可能になったものです。

本書は、過去五〇年近く行われてきたルーテル＝ローマ・カトリック教会間の神学的対話の成果を踏まえて、宗教改革とは何だったのか、宗教改革時代に示された諸問題を現代のわたしたちはどう捉え直すことができるのか、そして二つの教会の間には重要な信仰理解において共通に合意できる点が多々あることを、ルーテル教会とカトリック教会が共同で明らかにしたものです。

その意味で、本書は、ルーテル教会とカトリック教会が、過去の「争い」の歴史を真摯に振り返りながら、未来のより豊かな「交わり」へと向かうための、出発点となるものだと言えます。二〇一七年という節目の年に向けた、共通の学びの材料として、本書が広く用いられることを願っています。

推薦の辞

日本福音ルーテル教会総会議長　立山忠浩

　一致に関するルーテル＝ローマ・カトリック委員会からの報告書『争いから交わりへ』がこのたび刊行されることになりました。宗教改革から五〇〇年になる二〇一七年を前にして、記念すべき報告書が出版されたことはこの上ない喜びであり、そして大きな意義を持つものとなりました。その理由は、『争いから交わりへ』という本書のタイトル自身が明示していることです。

　宗教改革は、わたしたちルーテル教会の視点から見れば、教会の刷新をもたらし、まことの福音に光を当てるものだったのですが、結果として、ルーテル教会を含むプロテスタント教会とローマ・カトリック教会との間で背を向け合う状況を作り出し、争いを引き起こすことにもなりました。しかし、その宗教改革から五〇〇年の節目を前にして、次の新しい五〇〇年は、互いが顔を向け合い、交わりへと向かう道を歩み始めることになったのです。本書は、争いの過去に決別し、交わりの未来へ歩み出す意思表明でもあるのです。国家間、民族間、宗教間などの対立や争いが益々激しさを増す今日にあって、「争いから交わりへ」という和解と平和への道を模索する神学的な試みは、ことさら大きな意義をもたらすに違いありません。

本書は、五〇年にわたる両教派の国際的な神学的対話の成果と言えるでしょう。一九九九年には『義認の教理に関する共同宣言』が両教派間で出されましたし、これからも神学的な対話が継続されることが期待されています。このような対話が神学的分野に留まることなく、さらに実践的な分野において、あるいは他の教派や諸教会レベルでも広がっていくことが期待されています。そのためにも、本書を基盤とし、出発点として用いていただけることを願っています。

最後になりましたが、長年のこの地道な対話に貢献されたすべての神学者や担当者に対して感謝を申し上げます。ルーテル教会の場合は、この国際レベルの委員会で日本の神学者に貢献いただいたことは大きな喜びでした。丁寧な日本語への翻訳や編集の労をとってくださった方々、出版社の皆さんのお働きに対しても心よりお礼申し上げます。

日本語版への序文

教皇庁キリスト教一致推進評議会議長・枢機卿　クルト・コッホ

二〇一七年、ルーテル教会とカトリック教会は共同で宗教改革五〇〇周年を記念します。同時に両教会は、国際レベルでの公式対話開始五〇周年を喜びのうちに振り返ります。この間、両教会が共有する交わりは発展し続けてきました。一方で、二〇一七年の接近は、ルーテル教会とカトリック教会が、両教会の共通の信仰の中心であるイエス・キリストの福音の証しを共に祝うよう励まします。他方で、それは教会の分裂に関する痛ましい自覚を呼び起こし、ルーテル教会とカトリック教会に、歴史を通じてのみならず現代においても自己批判的な態度をとるよう呼びかけます。

一致に関するルーテル＝ローマ・カトリック委員会が発表した本文書『争いから交わりへ――二〇一七年に宗教改革を共同で記念するルーテル教会とカトリック教会』は、共同の記念に関する詳細な導入を行った後、二章にわたって宗教改革という出来事を扱います。

すなわち、ルターの神学を簡単に要約し、トリエント公会議の諸教令を正確に記述し、後者を宗教改革の神学と第二バチカン公会議による受容へと関連づけます。本書は、特に義認、聖餐、職務、聖書と伝統の領域において一九六七年以来、委員会が到達したおもな合意の要約をもって結ばれます。ルーテル教会とカトリック教会は、共通の歩みを通じて、ルターの人物だけでなく、その神学をも考察することができました。本書はエキュメニカルな成果を収穫するだけでなく、同時に、カトリック教会とルーテル教会がルター神学に関するそれぞれの見解を比較することも可能にします。信仰に関する主要問題が新たな光のもとで考察され、数世紀前からの論争を乗り越えることを可能にします。

ルーテル教会とカトリック教会にとって、宗教改革を記念することとは、共通の喜びの源であると共に、互いの痛みともなります。洗礼はルーテルとカトリックの人々をキリストの一つのからだへと結びつけます。このからだについて、すべての部分は他の部分と喜びと苦しみを共にします（Ｉコリント一二・26）。一方で、エキュメニカル対話が示してきたとおり、多くのルターの神学的確信は、カトリック側でも共有されています。カトリック教会とルーテル教会はこのことを共に喜ぶことができますし、また喜ぶべきです。他方で、宗教改革当時とその後に両教会が互いに対決した方法は、論争を帯びたものでした。今や両教会は共にそれぞれの欠点を認めています。

宗教改革の共同の記念の究極的な目的は、唯一の、聖なる、普遍の、使徒的教会の基盤を明らかにするために、イエス・キリストを中心に置き、イエス・キリストを告白し、記念すること、そして、過去数世紀間、この基盤をあいまいにしてきた影と人間的な過ちをぬぐい去ることです。神が制定した教会の交わりの真実の元の基盤から新たに出発し、イエス・キリストへのわたしたちの共通の信仰を共に確信をもって証しすることによって、わたしたちは、真理を深く必要とする人類に、福音の真理を新たに示すことができるでしょう。

日本語版への序文

ルーテル世界連盟総幹事　マルティン・ユンゲ

わたしの心を打つ聖書の言葉のひとつに、癒しの力を持つと言われている水のほとりに横たわっている病人に向かってイエス様が訊ねられた問いがあります。「良くなりたいか」(ヨハネ五・6)。これほど明らかな状況の中でイエス様がなぜそう問われるのか理解できない時さえありますが、ともかくわたしは常にこう考えてきました、「もちろん彼はそう望んでいます」と。

しかしながら、わたしは人生からこういうことも教えられてきました。それは、自分が破れと痛みによって苦しめられているときには、癒され全きものへとなることが極めて大きなチャレンジを意味することもあるということです。なぜなら、それは自分自身のアイデンティティを実際根本的に変えるということを意味するからです。自分の人生の中心、あるいは日常の営みの中心であろうとするのは、もはや破れでも痛みでもなくなるのです。

自分自身の人生を描写する物語は実際根本的に変わるのです。

『争いから交わりへ』はそのような破れから全きものへの変化の一つのステップなのです。これはキリストの体として癒されるようにとの神様の熟慮されたうえでの受容なのです。そして、これはカトリック側とルーテル側の双方が、一六世紀の宗教改革に言及しながら、またそれに続く神学的かつエキュメニカルな発展に言及しながら、共同して用いることを望む物語を提供するものです。このゆえに、そして本書の書名が示している通り、これはカトリック側とルーテル側との関係の中核としての過去と現在の争いを取り除く共同の決断を示すものであり、またカトリック側とルーテル側の双方に向けて「良くなりたいか」との優しい問いと共に神様が差し出される交わりという賜物そのものです。

ルーテル世界連盟からの心からの感謝と共に、わたしはこの翻訳書を、注意深い学びと話し合いのために推薦いたします。

目次

第二章　マルティン・ルターと宗教改革を見る新たな視点

第三章　ルターの宗教改革とカトリック側からの反応に関する歴史的描写

装丁　熊谷博人

争いから交わりへ

二〇一七年に宗教改革を共同で記念する
ルーテル教会とカトリック教会

一致に関するルーテル＝ローマ・カトリック委員会報告書

まえがき

正面から神と向かい合ったマルティン・ルター（一四八三―一五四六年）の苦闘は、彼の全生涯を突き動かし、それを規定した。「どうしたらわたしは恵み深い神を見いだすことができるのか」という問いは、ルターを常に悩ましていた。ルターはイエス・キリストの福音の中に、恵み深い神を発見した。「真の神学と神認識は、十字架につけられたキリストにある」（『ハイデルベルク討論』）。

二〇一七年、カトリックとルーテルのキリスト者たちは、イエス・キリストの福音を中心に据えることによって、五〇〇年前に起こっていた出来事を最もふさわしい形で振り返ることになるであろう。神は人間のためにご自身を献げられ、われわれを神と神の教会との交わりへと招いておられることを世界が信じることができるように、福音は祝われ、この時代の人々に伝えられなければならない。ここにこそ、われわれの共通の信仰をわれわれが共に喜ぶための根拠がある。

この喜びには、歴史の中だけでなく、今この時にも、識別しながら、自らを批判的に見つめる責務も含まれている。確かに、われわれキリスト者は、福音に常に忠実だったわけではない。われわれは、われわれを取り巻く世界の思想や行動様式に迎合することがあまりにも多かったし、神の憐れみ深い恵みを告げる良き知らせを繰り返し阻んできた。

個々人としても、信仰者の共同体としても、われわれすべては、聖霊に励まされ、導かれつつ、常に悔い改めと改革とを必要としている。「われわれの主であり、師であるイエス・キリストが、『悔い改めよ』と言われたとき、主は信じる者の全生涯が悔い改めの生涯であることを望みたもうたのである」。一五一七年に書かれ、宗教改革運動の発端となったルターの『九五箇条の提題』の冒頭には、そのように書かれている。

この命題は今日ではほとんど自明なものとなっているが、われわれ、ルーテル教会のキリスト者もカトリック教会のキリスト者も、相手ではなく、まずもって自らに批判的な眼差しを向けることによって、この命題を真剣に受け取りたいと願っている。われわれは、われわれを導く規範（われわれの指導基準）として義認の教理を取り上げる。義認の教理は、福音の使信を表現しているので、「われわれの教会のすべての教えと実践をキリストへと方向づけるように常に奉仕する」（『義認の教理に関する共同宣言』）。

教会の真の一致は、イエス・キリストの福音の真理における一致としてしか存在し得ない。この真理を求めた一六世紀の苦闘が西方キリスト教世界の一致の喪失に繋がったという事実は、教会史の暗い断面である。二〇一七年には、われわれは教会の一致を破壊した責任をキリストの前に負っていることを公然と告白しなければならない。この記念すべき年は、われわれに二つの課題を差し向けている。過去の記憶を浄め、癒すことと、イエス・キリストの福音の真理に合致したキリスト教の一致を回復することである（エフェソ四・4－6）。

以下に掲げた本文は、「争いから交わりへ」と至る道筋を明らかにしている。それは、われわれがまだゴールに到達していない道である。しかし、「一致に関するルーテル＝ローマ・カトリック委員会」は、「われわれを結び付けているものは、われわれを分離するものよりも大きい」という教皇ヨハネ二三世（在位一九五八－六三年）の言葉を真剣に受けとめてきた。

われわれは、われわれの委員会の報告書を開かれた心で、また批判的に研究してくれるようにと、またすべてのキリスト者のいっそう深い交わりへと進む道をわれわれと一緒に歩んでくれるようにと、すべてのキリスト者に呼び掛ける。

フルダ補佐司教　カールハインツ・ディーツ
（カトリック側の共同議長に代わって）

ヘルシンキ退任監督　エーロ・フオヴィネン
（ルーテル側の共同議長）

序

1　二〇一七年、ルーテルとカトリックのキリスト者たちは、宗教改革が始まってから五〇〇周年の年を共同で記念する。ルーテル教会とカトリック教会は今日、相互の理解・協力・敬意の幅が広がったことを喜んでいる。両教会は、とりわけ、三位一体の神とイエス・キリストにおける啓示に対する共通の信仰、加えて義認の教理の基本的諸真理を認めることで、相互を分離する要素よりも結び付ける要素が多いことを認識するようになった。

2　すでに一九八〇年の『アウグスブルク信仰告白』四五〇周年記念は、われわれのキリスト教信仰の生きた中心としてのイエス・キリストを指し示すことによって、信仰の基本的諸真理に対する共通の理解を促進する機会となった。(1) 一九八三年のマルティン・ルター生誕五〇〇周年記念の際には、ローマ・カトリック教会とルーテル教会との国際対話は、ルターの中心的関心事を共に支持した。委員会の報告書は、ルターを「イエス・キリストの証人」と呼び、「プロテスタントであれカトリックであれ、キリスト者は、この人物の人となりと使信とを無視することはできない(2)」と宣言した。

3　来たるべき二〇一七年は、カトリック教会とルーテル教会が、マルティン・ルターという人物とその思想とが中心にあったヴィッテンベルクでの宗教改革の争点とその帰結とを対話の中で論じ合い、今この時に宗教改革を想起し、それを意味あるものとして受け継ぐための視点を切り開くよう、強く促している。ルターの教会改革の構想は、今日のカトリック教会にもルーテル教会にも、霊的で神学的な重要課題を提示している。

第一章　エキュメニカルでグローバルな時代に宗教改革を記念する

4　どのような記念であれ、そこには固有の背景がある。今日、その背景には、機会と義務とを与える三つの主要課題が含まれている。(1)それは、エキュメニカルな時代に行われる最初の記念である。だから、共同の記念はカトリック教会とルーテル教会の交わりを深める機会である。(2)それは、グローバル化の時代の最初の記念である。だから、共同の記念には、南と北、東方と西方のキリスト信徒の経験と視点とが組み込まれていなければならない。(3)それは、新たな宗教運動の急増と同時に、数多くの場所での世俗化の拡大が特徴となっている時代に、新しい福音宣教の必要性と取り組まねばならない。だから、共同の記念には、信仰の共通の証しとなる機会と義務とが伴っている。

これまでの記念行事の特徴

5 比較的早くから、一五一七年一〇月三一日は、一六世紀のプロテスタント宗教改革の象徴となった。今日でも、数多くのルーテル教会は、「宗教改革」と呼ばれる出来事を毎年一〇月三一日に記念している。一〇〇年ごとの宗教改革記念は、豪華で祝祭的であった。こうした出来事では、異なる教派の対立的視点がとりわけ目についた。ルーテル教会にとっては、こうした祝祭日や一〇〇年ごとの記念日は、自らの独自な存在を弁明するために、ルーテル教会固有の「福音主義的」形態が始まった出来事を繰り返し語る機会であった。このことは、当然のようにローマ・カトリック教会の批判と結び付いていた。他方、カトリック教会は、こうした祝祭の機会を捉えて、真の教会からの是認し得ない離脱であり、キリストの福音の拒否であるとルーテル教会を非難する機会とした。

6 政治的かつ教会政治的な関心が、こうした以前の一〇〇年ごとの記念を頻繁に形づくっていた。例えば、一六一七年の一〇〇周年記念は、ルーテル教会と改革派教会の共同記念行事に際して、両教会に共通の宗教改革的アイデンティティを確固としたものとし、再活性化するのに役立った。ルーテル教会と改革派教会は、ローマ・カトリック教会に対する強力な反論を通じて両教会の連帯を明確に示した。両教会は共に、ローマの軛からの解放者としてルターを記念した。ずっと後のことであるが、第一次世界大戦のただ中の一九一七年、ルターはドイツの国民的英雄とされた。

最初のエキュメニカルな記念

7 二〇一七年、それは、エキュメニカルな時代に行われる最初の一〇〇年ごとの記念の年である。それは、ルーテル教会とローマ・カトリック教会の対話の五〇周年の年でもある。エキュメニカル運動の一環として、共に祈り、共に礼拝し、共に教会に仕えることは、カトリック教会とルーテル教会とを豊かにしてきた。両教会はまた、政治的・社会的・経済的課題に共同で向き合ってきた。両教会の信徒の間の結婚に見られる霊性は、新たな洞察と問いとをもたらした。ルーテル教会とカトリック教会は、両教会が相互に与えてきた影響を認め、双方の神学的伝統と実践とを再解釈することができるようになった。だから、両教会は二〇一七年を共に記念することを切望している。

8　こうした変化は新たな取り組みを要求している。ルーテル教会とカトリック教会の視点を別個に示したり、しばしばあったことだが、相互に対立させて示したりする宗教改革期のかつての説明を繰り返すことだけでは、もはや十分でない。歴史上の想起は、膨大な歴史上の出来事から主要な要素を抽出し、集められた諸要素を意味のある全体像に組み込んでいく。過去のこうした説明は、総じて対立的だったので、教派間の対立を強化する場合が少なくなかったし、時には公然とした敵意へと繋がった。

9　歴史上の出来事の想起は、教派間の関係にとってそれぞれ重大な帰結を持っていた。この理由から、ルター派宗教改革を共同でエキュメニカルな視点から想起することは、それだけ重要であると同時に、それだけ困難でもある。今日でも、多くのカトリックのキリスト者は、「宗教改革」という言葉を何よりもまず教会分裂と結び付けているし、他方、多くのルーテルのキリスト者は「宗教改革」という言葉を主として福音の再発見、信仰の確かさ、自由と結び付けている。こうした二つの視点を相互に関連させ、それを対話に引き込むためには、二つの出発点をそれぞれ真剣に受けとめる必要があるであろう。

グローバルで世俗的な新たな背景の中での記念

10 二〇世紀にキリスト教は一段とグローバル化した。今日では、世界中に様々な教派のキリスト者が存在している。南半球のキリスト者の数が増加している一方で、北半球のキリスト者の数は縮小している。南の諸教会は、世界に広がったキリスト教の内部でますます大きな重要性を担い続けている。こうした諸教会は、様々な同一教派の世界規模の交わりを通じてヨーロッパと北米の諸教会と結び付き、そうした教会と共通の教理的基盤を共有しているとしても、一六世紀の教派間対決を安易に自分たちの間の対決であるとは見ていない。二〇一七年との関連では、こうした諸教会の貢献、問い、視点を真剣に受けとめることが非常に重要になるであろう。

11 何世紀にもわたってキリスト教がすでに根付いた国々では、最近になって多くの人が教会を離れたり、自分たちの教会の伝統を忘れたりするようになった。こうした伝統の中で、諸教会は世代から世代へと、そうした諸教会が聖書との出会いから受け取ってきたもの、例えばイエス・キリストにおける神の啓示に応えてきた神と人間と世界についての理解、神との生涯にわたるキリスト者の関わりの経験から世代を超えて育てられてきた知恵、典礼様式、賛美歌や祈り、信仰教育の実践、奉仕の業といった宝を受け継いできた。こうしたことが忘れられた結果として、過去に教会を分裂させてきた事柄の多くが、今日では実質的に知られていない。

12　しかし、エキュメニズムは、伝統が忘れられてしまったという事態に基礎を置くことはできない。しかし、それならどのようにして、二〇一七年に宗教改革の歴史が想起されることになるというのだろうか。二つの教会が一六世紀にそれをめぐって戦った事態の何が、保たれる価値があるというのだろうか。われわれの信仰の父や母たちは、そのために戦うべき価値を持つ何ごとかがあり、神との生活に必要な何ごとかがある、と確信していた。回顧的関心の対象だけに留まるのではなく、むしろ生き生きとしたキリスト教的生活を支えるために、しばしば忘れられがちになる伝統は、どのようにして今日の人々に受け継がれ得るのだろうか。伝統は、異なる教派のキリスト者の間に新たな溝を掘らないような仕方で、どうしたら受け継がれていくことができるのだろうか。

二〇一七年を記念することに対する新たな課題

13 何世紀にもわたって、教会と文化とは、考え得る最も密接な形で相互に編み合わされてくることが多かった。教会の営みに属す事柄の多くは、何世紀もの間にそうした国々の文化の中でしかるべき地位を占めてきたし、時には教会とは無関係の場合さえあっても、今日に至るまでそうした国々の中で、それなりの役割を果たしている。二〇一七年のための準備は、文化の中になお存在している伝統のこうした様々な要素を特定し、解釈し、こうした様々な側面に照らして、教会と文化の間の対話を主導する必要がある。

14 一〇〇年以上にもわたって、ペンテコステ派や他のカリスマ運動は、世界中に非常に大きな広がりを見せてきた。こうした強力な運動は、かつての教派間の論争の多くを時代遅れなものと思わせる新たな強調点を前面に押し出した。ペンテコステ運動は、カリスマ運動の形をとって他の多くの教会の中に生きており、教派横断的に新たな共通項や共同体を創り上げてきた。その結果、この運動は、新たなエキュメニカルな機会を切り開き、同時に、二〇一七年に宗教改革を記念する際に重要な役割を果たすであろう追加的課題を生み出した。

15　これまでの宗教改革記念行事は、教派的に均質な国々で、そうでなくとも人口の大多数がキリスト者である国々で行われてきたが、今日ではキリスト者は世界中で数多くの宗教が併存する環境で生活している。この多元性は、エキュメニズムを皮相なものにするのではなく、むしろ逆に、なおのこと緊急な課題にすることにより、エキュメニズムに新たな課題を提示している。教派間の敵意は、キリスト教の信頼性を損なうからである。キリスト者が自分たちの間の相違に対処する仕方は、他宗教の人々に、キリスト者の信仰について重要な何事かを示すことができる。キリスト教内部の対立をどのように扱うかという問題は、宗教改革の開始を想起する機会には特に重大なので、変化した状況のこうした諸側面は、二〇一七年について考える際に特別な関心を寄せる価値がある。

第二章　マルティン・ルターと宗教改革を見る新たな視点

16　過去の出来事は変えることはできないが、過去のことで記憶されていることと、それがどのように想起されるのかは、時間の経過と共に確かに変わることがあり得る。想起は過去を現在化する。過去それ自体は不可変であるが、現在における過去の現在化の仕方は、変えることができる。二〇一七年を考えてみると、大切なのは、違った歴史を語るのではなく、この歴史を違った仕方で語ることである。

17　ルーテル教会とカトリック教会には、新しい仕方でその歴史を語り直すいくつもの理由がある。両教会は、家族関係によって、それぞれの教会を越えたもっと大きな世界宣教への奉仕によって、各地での専制支配に対する共同の抵抗活動によって、互いにいっそう身近になってきた。こうして深められた接触は、お互いに対する認識に変化をもたらし、エキュメニカルな対話と更なる研究に対する新たな緊急性をもたらした。エキュメニズム運動は、宗教改革に対する諸教会の認識の方向性を変えた。エキュメニカルな神学者たちは、対話の相手を犠牲にして自分の教派的自己主張を追求するのではなく、相違の内部で、さらには対立の内部においても、共通のものを探し求め、そうすることで教会を分裂させている相違の克服へと前進しようと決意してきた。

中世研究がもたらした貢献

18 学問的研究は、様々な手段で過去に対する認識を変えることに多大の貢献をしてきた。宗教改革の場合、こうした手段の中には、プロテスタントとカトリックの教会史の叙述の仕方が含まれている。プロテスタントとカトリックの教会史は、厳格な方法論的指針と自らの視点や前提に対する反省を通じて、それまでの教派的歴史記述を訂正することができるようになった。そのことは、カトリックの側ではルターと宗教改革に関する新たな研究にとりわけ該当するし、プロテスタントの側では、中世神学の全体像の変更と、中世後期に対するもっと幅が広くもっと多面的な取り扱いにそのことが該当する。宗教改革期に関する最近の記述では、数多くの非神学的要素——政治的・経済的・社会的・文化的要素——に新たな関心が寄せられている。「教派化」というパラダイムが、この時期に関するかつての歴史記述に重要な変更をもたらしてきたのである。

19 中世後期は、プロテスタント側がそう描写することが多かったような、完全な暗黒の時代とはもはや見られなくなったし、かつてのカトリック側の描写のように、全面的な光の時代とはもはや見られていない。この時代は、今日では大きな対立の時代として見えてくる。すなわち、外面的な敬虔さともっと深い内面性の間の対立、業志向の神学（つまり、do ut des、「わたしが差し上げますから、あなたはくださいます」という意味での）と、神の恵みへの全面的依存という確信の間の対立、職務上の義務も含め、宗教的義務に対する無関心と、いくつかの修道会に見られるように、真剣な改革との間の対立である。

20 この時代の教会は、一枚岩の実体、すなわち多様な神学、ライフスタイル、教会観を包摂したコルプス・クリスティアーヌム（キリスト教一体世界）などではなかった。歴史家たちは、一五世紀は教会の中でもとりわけ信仰深い時代であったと指摘する。この時代の間に、優れた教育を受けた信徒の数が増え、キリスト教的生活を送る上で手助けになる優れた説教や神学を聞くことに熱意を持っていた。ルターはそのような神学と敬虔の潮流を受け取って、さらに発展させたのである。

二〇世紀のカトリックのルター研究

21 二〇世紀のカトリックのルター研究は、宗教改革に対する一九世紀の後半に起こったカトリック側の関心の上に築かれた。こうした神学者たちは、プロテスタントが主流のドイツ帝国の中で、一方的で反ローマ的なプロテスタントの歴史研究から自らを解き放とうとしたカトリック住民の努力の跡を受け継いでいた。カトリック側の研究にとって突破口となったのは、ルターは、完全にはカトリック的とは言えない一つのカトリック主義を自らの中で克服したという命題であった。この観点によれば、中世後期の教会の生活と教えとは、総じて宗教改革の否定的引き立て役として機能していた。カトリック主義の中にあった危機が、一部の人々にとって、ルターの宗教的抗議を説得力のあるものにしたのである。

22 ルターは誠実な宗教的人間であり、良心的な祈りの人であったと新たに考えられるようになった。念入りで詳細な歴史研究は、近代に至るまでそれまでの四世紀にわたるカトリック側のルター研究文献が、当時のルターの論敵であり、ザクセン公ゲオルク（一四七一一一五三九年）の顧問、ヨハネス・コッホレウス（一四七九―一五五二年）の注解書に著しい影響を受けて形成されてきていたことを証明した。コッホレウスは、ルターを背教の修道士、キリスト教世界の破壊者、道徳の汚染者、異端者として描いていた。ルターの人格との批判的ではあるが、共感的でもある最初の取り組みの成果は、ルターに関するこうした論争文献の一面的なアプローチからカトリック側の研究を解放したことであった。その他のカトリック神学者たちの冷静な分析は、教会分裂に通じていったのは、義認の教理のような宗教改革の中心的関心事ではなく、むしろ、こうした関心事から生じていたその時代の教会の内情に対するルターの批判であったことを示した。

23 カトリックのルター研究の次の段階は、特に二つの教派の代表的神学者、トマス・アクィナス（一二二五頃―七四年）とマルティン・ルターの体系的な比較によって、異なる神学的思想構造や思想体系に埋め込まれていた、実は類似した内容を明らかにすることであった。この研究は、神学者たちがルターの神学の枠組みの内部でルターの神学を理解するのを可能にした。同時に、カトリック側の研究は、『アウグスブルク信仰告白』の内部で義認の教理の意味を考察した。ここでは、ルターの改革的関心事が、ルター派の諸信仰告白文書の構成という広い背景の内部に置かれることができるようになり、その結果、

『アウグスブルク信仰告白』の意図は、根本的な改革的関心事を表明することだけでなく、教会の一致を保とうとすることだと見ることができるようになった。

見解の一致を目指す道を準備したエキュメニカルな企図

24 こうした努力は、一九八〇年に『アウグスブルク信仰告白』の提示四五〇周年が記念され、『アウグスブルク信仰告白』にカトリック側が一定の評価を示した際に、ドイツでルター派の神学者たちとカトリック側の神学者たちがその年に始めたエキュメニカルな企図に直接繋がっていった。カトリックのルター研究のこうした企図にルーツがある、プロテスタントとカトリックの神学者たちのその後のワーキンググループの広範な研究成果は、『教理弾劾――教会分離？』(3)に結実した。

25 一九九九年にルーテル世界連盟とローマ・カトリック教会の両者によって調印された『義認の教理に関する共同宣言』(4)は、こうした基礎作業と米国での対話文書『信仰による義認』(5)にその基礎があり、ルーテル教会とカトリック教会の間に義認の教理に関する基本的諸真理で見解の一致があることを肯定した。

カトリック側での進展

26 第二バチカン公会議は、それに先立つ数十年の間に起こった聖書研究、典礼研究、教父研究の復興に呼応して、教会生活における聖書に対する尊重と敬意、全受洗者の共通の祭司性（職）の再発見、教会の継続的浄めと改革の必要性、奉仕としての教会の職務の理解、宗教的自由の承認という主題を含めた人間の自由と責任の重要性といった主題に取り組んだ。

27 公会議は、ローマ・カトリック教会の外でも、聖化と真理の諸要素があることも承認した。公会議は、「教会を築きこれを生かしている諸要素、すなわちもろもろの富全体のうちのあるもの、しかも多くの優れたものがカトリック教会の目に見える境界の外にも存在しうる」と断定し、こうした要素として「書き記された神のことば、恵みのいのち、信仰、希望、愛、そして聖霊のその他の内的なたまものや目に見える諸要素」(6)（*UR* 3）を挙げた。公会議は、分かれた「兄弟たち」の間で「キリスト教の聖なる活動も……少なからず行われている」という言い方もし、「それらはそれぞれの教会や共同体の異なった状態に応じた種々のしかたで、疑いもなく恵みのいのちを実際に生み出すことができ、救いの交わりへの入り口を開けることができるというべきである」（*UR* 3）と語った。この承認は、こうした共同体の個々の要素や行為に向けられていただけでなく、「分かれた諸教会と諸共同体」自体にも向けられていた。「キリストの霊は、これらの教会と共同体を救いの手段として使うことを拒否しないのである」（*UR* 1. 3）。

28 第二バチカン公会議で明らかになったカトリック神学の刷新に照らして、今日のカトリック教会は、マルティン・ルターの改革することへの関心事を尊重し、それらをかつて可能だと思われた以上の開かれた姿勢で見ている。

29 ルターの関心事に対する暗黙の共感は、ルターの意図は教会を分裂させることではなく、改革することであったのを認めるという背景の中で起こったルターの普遍性（公同性）に対する新たな評価へと通じていった。このことは、枢機卿ヨハネス・ウィレブランズ（一九〇九―二〇〇六年）と教皇ヨハネ・パウロ二世（在位一九七八―二〇〇五年）の声明の中で明らかである。(7) ルターの人となりと神学のこうした二つの中心的特徴の再発見は、「福音の証人」としてのルターという新たなエキュメニカルな理解へと通じていった。

30　教皇ベネディクト一六世（在位二〇〇五－一三年）は、二〇一一年にルターがおよそ六年間修道士としてそこで生活していたエルフルトのアウグスティヌス会修道院を訪ねた際に、マルティン・ルターの人となりと神学とが、様々な仕方で今日のカトリック神学に霊的また神学的緊急課題を提示していることも認めた。教皇ベネディクトは、こう指摘している。「（ルターを）常に突き動かしていたのは、神の問題であり、それが彼の全生涯にわたる旅路の深い情熱と推進力であった。『どうしたらわたしは恵み深い神を見いだすのか』。この問いは、ルターの心を打ち、彼の神学的探求と内的苦闘全体の基礎にあった。ルターにとって、神学は単なる学的追求ではなく、自らのための苦闘であり、それは次いで、神のための苦闘、神と組み合う苦闘であった。『どうしたらわたしは恵み深い神を見いだすのか』。この問いがルターの全生涯を突き動かす力であったという事実は、わたしに深い印象を与えずにはいられない。今日、キリスト者の間であっても、誰が実際にこのことに関心を持っているだろうか。われわれの生活の中で、われわれの説教の中で、神の問題は何を意味しているであろうか。今日、ほとんどの人は、キリスト者であっても、神はわれわれの罪や徳には根本のところ、関心を持っておられないという前提から出発している(8)」。

ルーテル側での進展

31 ルターと宗教改革に関するルーテル側の研究も、大きな進展を見せた。二度の世界大戦の経験は、歴史は前進するという想定とキリスト教と西洋文化との関係を打ち壊す一方で、ケリュグマ的神学の勃興は、ルターについて考えるための新たな道を開いた。歴史家たちとの対話は、歴史的要因と社会的要因とを宗教改革運動の記述に統合するのに役立った。ルーテル側の神学者たちは、カトリック教会の側だけでなく自らの側でも、神学的洞察と政治的利害とが複雑に絡み合っていたことを認識した。カトリックの神学者たちとの対話は、一面的な教派的見方を克服し、自らの伝統の諸側面に対して自己批判的になるのに役立った。

エキュメニカルな対話の重要性

32 対話の相手同士は、それぞれの教会の教理に固執していて、彼らの確信によれば、そうした教理は信仰の真理を表明しているのである。教理は、大きな共通項もはっきりと示しているが、その定式的表現では違っていることもあるし、対立し合っていることさえある。共通項があるので対話が可能になる。相違や対立があるので対話が必要になる。

33　対話は、相手が違った言葉遣いをし、言葉の意味を違って理解していることを明らかにする。対話の相手は違った区別をし、違った思考様式で考えている。しかし、表現では対立しているように見えることも、常に実質における対立であるわけではない。それぞれ対応する教理条項の間の厳密な関係を明らかにするためには、本文は、その本文が成立した歴史的背景に照らして解釈されねばならない。そのことは、どこに相違や対立が実際に存在し、どこにそれがないかを見るのを可能にしてくれる。

34　エキュメニカルな対話は、教派間の相違から生じ、相違を強調する思考様式を変えられることを意味している。対話では、対話の相手同士は、まず自分たちが共通に保持しているものを探し、そうして初めて、相違の意義の重みを量ることになる。しかし、こうした相違は軽視されたり、大雑把に扱われたりすることはない。エキュメニカルな対話は、キリスト教の真理を共同で探求することだからである。

第三章　ルターの宗教改革とカトリック側からの反応に関する歴史的描写

35　今日では、われわれはルターの宗教改革の歴史について共に語ることができる。ルーテル教会とカトリック教会は違った観点を持っているとはいえ、エキュメニカルな対話の故に、過去の出来事を想起する共通の道を見いだすために、伝統的な反プロテスタントと反カトリックの解釈方法を克服することができる。以下の諸章は、その歴史全体の描写でもないし、論争された神学的争点をすべて取り上げているわけでもない。一六世紀の宗教改革の最も重要な歴史的状況と神学的テーマのいくつかだけに焦点をあてたものである。

宗教改革とは何を意味しているのか

36　古代では、ラテン語の「レフォルマティオ」（reformatio）とは、過去のよき時代とよりよき時代に戻ることによって、現在の悪い状況を変えるという思想を指していた。中世では、「レフォルマティオ」という概念は、修道院改革という文脈で使われることが非常に多かった。諸修道会は、規律と修道的生活様式の衰退を克服するために、「改革」（レフォルマティオ）に取り組んだ。最も大きな改革運動の一つは、クリュニー修道院で一〇世紀に始まった。

37 中世後期になると、改革の必要性という概念は教会全体に適用されるようになった。諸教会会議や神聖ローマ帝国のほとんどすべての国会は、「レフォルマティオ」に取り組んだ。コンスタンツ公会議（一四一四－一八年）は、「頭と肢体」における教会改革が必要であると見なした(9)。『皇帝ジークムントの改革』という表題を持ち広く流布された改革文書は、生活のほとんどすべての領域における正しい秩序の復興を呼び掛けた。一五世紀の終わりには、改革という観念は政府と大学にも広がった(10)。

38 ルター自身は、「改革」という概念をほとんど使ったことがなかった。『九五箇条の提題の解説』の中で、ルターは「教会は改革を必要としているが、それは、最近の公会議がそのどちらも証明したように、一人の人間、すなわち教皇の業でも、多くの人間、すなわち枢機卿たちの業でもなく、全世界の業であり、それどころか神お一人の業である。しかし、時間を創造された神だけが、この改革の時をご存じである[11]」と述べている。ルターは時に、例えば大学の改革のように、秩序の改善を言い表すのに「改革」という言葉を使った。一五二〇年に書かれた『キリスト者貴族に宛てて』という改革文書では、ルターは、改革のための提案を論じることができる「正しく自由な教会会議」の開催を呼び掛けた[12]。

39 「宗教改革」という言葉は、狭い意味では一五一七年から一五五五年にわたる複合的な歴史的出来事、つまり、マルティン・ルターの『九五箇条の提題』の広がった時期からアウグスブルク和議までの出来事を示す言葉として使われるようになった。ルターの神学が引き金になった神学的で教会論的な論争は、その時代の状況が理由で、急速に政治、経済、文化と絡まるようになった。「宗教改革」という用語が指し示す内容は、このようにルター自身が教えたり、意図したりしたことをはるかに越えている。その時代全体を指す用語としての「宗教改革」という概念は、一九世紀に「宗教改革の時代」という言い方を一般化したレオポルト・フォン・ランケ（一七九五－一八八六年）に由来する。

宗教改革の引火点――贖宥（免償）をめぐる論争

40　ルターは一五一七年一〇月三一日に、『贖宥の効力をめぐる討論』と題された『九五箇条の提題』をマインツ大司教アルブレヒト（一四九〇－一五四五年）に宛てた手紙の付録として送付した。ルターはこの手紙の中で、大司教の管轄範囲のもとで起こっている贖宥の説教と慣行について深刻な憂慮の念を表明し、大司教に事態の変更を促した。同じ日、ルターはもう一通の手紙を自分の教区の司教、ブランデンブルクのヒエロニュムス（一四六〇頃－一五二一年）に送った。自分の提題を何人かの同僚に送り、まず間違いなくヴィッテンベルクの城教会の扉に掲示したときには、ルターは、贖宥の理論と慣行に関する未解決の問題について学問的な討論を始めようと望んでいた。

41　贖宥は、その時代の信心業の中では重要な役割を果たしていた。贖宥は、その罪科がすでに赦されている罪ゆえの有限の罰の免除である、と理解されていた。キリスト者は祈り、慈善行為、施しなどの一定の定められた条件下で、キリストと聖人の償いの宝を悔い改めた人に施し、適用すると考えられていた教会の措置を通じて、贖宥を受けることができた。

42 ルターの見解では、贖宥の慣行はキリスト教の霊性を破壊していた。ルターは、贖宥が悔い改めた人を神が課した罰から解放することができるかどうかを問題にした。つまり、司祭が課したどんな罰も煉獄に持ち越されるのかどうか、罰の薬効的で浄めをもたらす目的は、真剣な悔い改めた人は罰を免れる代わりに、罰を耐え忍ぶことを選ぶことを意味するのかどうか、贖宥のために支払われた金銭は、その代わりに貧しい人に与えられるべきかどうか、などを問題にしたのである。ルターはまた、教皇がそこから贖宥を提供した教会の宝の本質も問題視した。

審問を受けるルター

43 ルターの『九五箇条の提題』は、ドイツ全域に急速に広まり、大きなセンセーションを引き起こした一方で、贖宥頒布のためのキャンペーンには深刻な打撃を与えた。間もなく、ルターは異端の嫌疑で訴えられるだろうと噂されるようになった。すでに一五一七年の一二月には、マインツ大司教は『九五箇条の提題』をルターの神学を検証するために追加的資料と共にローマに送付していた。

44 ルターは、公然とした事件ではなく、学問上の討論を計画していたので、自分の提題に対する反応に驚いた。彼は、広範な読者層に読まれたとしたら、自分の提題が容易に誤解されるのではないか、と恐れた。そこで一五一八年の三月末に、ドイツ語による説教『贖宥と恵み』(Sermo von Ablass und Gnade) を公刊した。それは、非常な成功を収めたパンフレットで、そのためにルターはドイツの大衆によく知られた人物となった。ルターは、最初の四つの提題を別にして、こうした提題は彼自身の決定的な主張というよりも、討論のために書かれた命題であると繰り返し強調した。

45 ローマは、ルターの教えが教会の教理と教皇の権威に傷を付けるのではないか、と憂慮した。そこで、ルターは、自分の神学のために教皇庁の裁判所で答えるべくローマに召喚された。しかし、ザクセン選帝侯フリードリヒ賢公(一四六三－一五二五年)の要請で裁判はドイツに、つまりアウグスブルクで開かれる帝国国会に、場所が変更された。国会では、枢機卿のカイェタヌス(一四六九－一五三四年)がルターを尋問するよう指示を受けていた。教皇の命令書は、ルターが撤回するか、それともルターが拒否した場合には、直ちにルターを破門するか、ルターを逮捕して、ローマに連行する権限が枢機卿に与えられると述べている。会談後、カイェタヌスは教導職のために声明文を起草し、教皇は、ルターの議論には何の応答もしないで、アウグスブルクでの尋問の後間もなくそれを公布した(13)。

46 ルターの破門に至る全経過を通じて、根本的に言ってどっちつかずの状態が続いた。ルターは討論のための問いを提起し、議論を提示していた。ルターと、多数のパンフレットと出版物からルターの立場と進展している経緯を知っていた民衆は、議論のやり取りを期待した。ルターは公正な裁判を約束された。にもかかわらず、彼は自分の意見を聞いてもらえるだろうと確信していたが、ルターは撤回するか、さもなくば異端者と宣言されるかだというメッセージを繰り返し受け取っていた。

47 一五一八年一〇月一三日、ルターは厳粛な「プロテスタティオ」(抗議)の中で、自分が聖なるローマ教会と一致しており、自分が間違っていると確信させられない限り、撤回することはできない、と主張した。一〇月二二日、ルターは再び、自分はローマ教会の教えの範囲内で考えてきたし、教えてきた、と強調した。

不首尾だった出会い

48　枢機卿カイェタヌスはルターとの出会い以前に、このヴィッテンベルクの教授の著作を非常に慎重に研究し、そうした著作に関する論文を書くことさえしていた。しかし、カイェタヌスは自分の概念の枠内でルターを解釈していたので、ルターの立場の細部は正確に提示していたのに、信仰の確かさについてはルターを誤解した。ルターの側からすれば、彼は枢機卿の神学に馴染んでいなかったし、限定的な議論しか許容しなかった尋問は、自説を撤回するよう圧力をかけていた。尋問は、ルターが枢機卿の立場を理解する機会を与えなかった。一六世紀の最も優れた神学者のうちの二人が、異端審問の場で出会ったことは、悲劇であった。

49　その後の数年間、ルターの神学は急速に展開し、新たな論争主題を引き起こしていた。非難されたルターは、自分の立場を擁護し、自分を異端者と宣言しようとしていた人々との闘いの中で、仲間を得ようと労していた。ルターを支持する文書も反対する文書も、多数の出版が行われたが、討論は、一五一九年にライプツィヒで、アンドレアス・ボーデンシュタイン・フォン・カールシュタット（一四八〇－一五四一年）およびルターと、ヨハネス・エック（一四八六－一五四三年）との間で一度行われただけであった。

マルティン・ルターに対する断罪

50　ローマではその間、ルターを攻撃する手続きが続いていて、最後には教皇レオ一〇世（在位一五一三－二一年）が行動に移ることを決意した。自らの「司牧的職務」を果たすために、教皇レオ一〇世は、「聖書を歪曲し、不純にしてしまって」、その結果、聖書を「もはやキリストの福音ではなく」してしまう者たちから、「正統信仰」を守る義務があると感じていた(14)。そこで教皇は大勅書『エクススルジェ・ドミネ』（*Exsurge Domine*, 一五二〇年六月一五日）を公布した。この大勅書は、ルターの様々な出版物から引用された四一箇条の命題を断罪していた。そうした命題はルターの文書の中に特定することができたし、正確に引用されていたが、それぞれの文脈から切り離されて取り出されていた。『エクススルジェ・ドミネ』は、こうした命題を「異端的であり、あるいは躓きに満ち、あるいは偽りであり、あるいは敬虔な耳をけがし、あるいは素朴な心に危険であり、あるいは普遍的真理を転覆させる(15)」と指摘していたが、そうした特質がどの命題に該当するのかを特定してはいなかった。教皇は大勅書の最後で、ルターが回心を経験し、自分の過ちから立ち戻るという期待を抱き続けつつも、議論をするための教皇の申し出にルターが応じなかったことに不満を表明した。教皇は、ルターが自分の「過ち」を撤回するか、それとも破門に直面するか、どちらを選択するかを決めるために六〇日間の猶予を与えた。

51 ドイツで『エクススルジェ・ドミネ』を公刊したエックとアレアンドロ（一四八〇－一五四二年）は、ルターの著作を焼却するよう求めた。それに応えて、ヴィッテンベルクの若干の神学者たちは、一五二〇年の一二月一〇日に、ルターの論敵の何冊かの著作と共に、後に「教会法令集」と呼ばれることになる文書に相当した若干の文書を焼却した。ルターもまた教皇大勅書を火にくべた。このように、ルターが自説撤回をするつもりがなかったことは明らかであった。ルターは、一五二一年一月三日に大勅書『デチェット・ロマヌム・ポンティフィチェム』（*Decet Romanum Pontificem*）によって破門された。

聖書の権威

52 贖宥をめぐる対決は、瞬く間に権威をめぐる対決に発展した。ルターからすれば、ローマ教皇庁は、聖書に基づいて論じる代わりに、形式的に自らの権威に拘ることによって、その権威を失っていた。対立の当初は、聖書、教父、教会法の伝統といった神学的権威は、ルターにとって一体をなしていた。対立の経緯の中で、ルターが、ローマ当局によって解釈された教会法は、聖書と対立していると結論づけたときに、この一体性は瓦解した。カトリックの側から見れば、議論は、カトリック教会も同意していた聖書の優位性というよりも、むしろ聖書の適切な解釈に関連していた。

53 ローマの声明の中に聖書的根拠が見いだされなかったときや、ローマの声明は聖書の使信と矛盾さえしていると考えたときに、ルターは、教皇を反キリストと考え始めていた。衝撃的と認めざるを得ないこの非難によって、ルターが意図していたことは、教皇はキリストが言いたいと思っていることをキリストが語るのを許さず、教皇は聖書の権威に服従しているのではなく、自らを聖書以上の位置に置いている、ということであった。教皇は、自分の職務は「神法によって」(iure divino) 定められていると主張する一方で、ルターはその主張を正当化する聖書からの根拠を見いだすことができなかった。

ヴォルムスでのルター

54　ドイツ国民の神聖ローマ帝国の法律によれば、破門された人物は、帝国追放にも処せられねばならなかった。しかし、ヴォルムス国会の議員たちは、独立した権威ある機関がルターを尋問することを要求した。そこでルターはヴォルムスに召喚され、皇帝は、今や異端者と宣言されていたルターに、ヴォルムスへの安全通行権を提供した。ルターは国会での討論を期待していたが、自分の前の机の上に置かれた何冊かの書物をルターが書いたかどうか、それを撤回するつもりがあるかどうかだけしか尋ねられなかった。

55　ルターはこの撤回要求に、次のような有名な言葉で応じた。「（教皇も公会議もしばしば過ちを犯し、自己矛盾していることは周知の事実であるから、わたしは教皇や公会議だけでは信じることができないので）聖書の証言か明らかな理性によって納得しない限り、わたしは自分が引用した聖書に拘束されており、わたしの良心は神の言葉の虜になっている。わたしは何ものも撤回することはできないし、撤回するつもりもない。良心に逆らうのは、安全でも正しいことでもないからである。神よ、私を助けたまえ、アーメン(16)」。

56　皇帝カール五世（一五〇〇－五八年、在位一五一九－没年）はそれに応えて、自分の意図を明らかにした注目すべき演説を行った。皇帝は、「魂の救いのために」カトリック信仰を擁護するのを義務と考えてきた長期にわたる主権者の家系出身であり、自分も同じ義務を持っていると指摘した。皇帝は、その見解が過去千年のキリスト教全体に対立していたというのなら、むしろその修道士だけが過ちを犯したのだ、と論じた。(17)

57　ヴォルムス国会はルターを、逮捕されるか、それとも殺されるかしなければならない法益被剝奪者にし、あらゆる手段を使って「ルター派の異端」を撲滅せよと諸侯に命じた。しかし、ルターの議論が大勢の諸侯や都市にとって説得力があったので、彼らは皇帝の命令を実行しなかった。

宗教改革運動の開始

58　ルターの福音理解は、ますます多くの諸侯、修道士や、そうした理解を自分の説教の中に組み込もうとした説教者に説得力を持つようになった。生じていた変化の目に見える兆候は、信徒がパンとぶどう酒の両方で聖餐を受け（二種陪餐）、司祭や修道士の中で結婚する人が現れ、断食の規定の一部がもはや守られなくなり、時として聖画像や聖遺物に対する蔑視が示されたりしたことであった。

59　ルターは、新しい教会を設立しようとする意図はまったく持っていなかった。彼はそうではなく、幅広い多面的な改革への願望を持った一人であった。ルターは、ますます重要な役割を果たすようになり、人間の権威だけに基づいていると思われた、あるいは聖書とは緊張関係にあったり、聖書と矛盾したりしていると思われた慣行や教理の改革に寄与しようと努めた。ルターは『ドイツ貴族に宛てて』（一五二〇年）という論文で、すべての受洗者の祭司性を擁護して論じ、そのことで教会改革における信徒の積極的な役割を擁護した。諸侯としてであれ、高官としてであれ、庶民としてであれ、信徒階層が宗教改革運動の中で重要な役割を果たした。

監督の必要性

60　改革を組織化するための中心的計画も中心的部局もなかったので、状況は町々、村々で違っていた。教会巡察の必要性が生じた。このことは、諸侯や行政官の権威を必要としたので、改革者たちは一五二七年に、巡察委員会を立ち上げ、それを認可するようザクセン選帝侯に依頼した。その任務は、牧師たちの説教や奉仕の業と生活の全体を評価することだけでなく、牧師たちが自分の生活を維持する手段を受けるのを保証することでもあった。

61 委員会は、教会統治機関のようなものを設置した。巡察使は、特定の地域の牧師たちを視察し、彼らの教理と生活とを監督する責任を与えられた。委員会は、礼拝様式を吟味し、そうした様式の統一性を監督した。一五二八年には、主要な教理上の問題や実際的な問題のすべてに応える、牧師のためのハンドブックも出版した。このハンドブックは、ルター派の教理上の信仰告白の歴史では重要な役目を果たした。

聖書を民衆の手に

62 ルターは、ヴィッテンベルク大学の同僚たちと共に、聖書をドイツ語に翻訳したので、それまでよりも多くの民衆が聖書を自分で読めるようになったし、とりわけ、教会生活のために霊的で神学的な識別力を行使することができるようになった。そのため、ルター派の改革者たちは少年・少女たちのための学校を設立し、子どもたちを学校に通わせるよう両親を説得するために真剣に努力した。

教理問答と賛美歌

63 牧師や信徒の間でのキリスト教に関する貧弱な知識を改善するために、ルターは、一般の人々用に『小教理問答』を書き、牧師や学識豊かな信徒用に『大教理問答』を書いた。教理問答は、十戒、主の祈り、使徒信条について説明し、洗礼と聖餐というサクラメントを扱った箇所も含んでいた。ルターが書いた著作の中で最も大きな影響を与えた『小教理問答』は、庶民の間で信仰の知識を著しく高めた。

64 この二つの教理問答は、人々がキリスト教的な生活をし、霊的で神学的な識別力を得るのを助ける意図を持っていた。教理問答は、改革者たちにとって、信仰とはキリストとキリストの約束に信頼することを意味するだけでなく、学ばれることができるし、学ばれねばならない信仰の主題的内容を肯定することも意味していたという事実を示している。

65　礼拝での信徒の参与を促進するために、改革者たちは賛美歌を書き、賛美歌集を出版した。こうした賛美歌集はルター派の霊性の中で永続的な役割を果たし、教会全体の貴重な遺産の一部となった。

地域教会のための牧師

66　ルター派の地域教会はドイツ語の聖書、教理問答、教会規則、礼拝式文を持つようになったが、大きな問題がまだ残っていた。すなわち、個々の地域教会にどのようにして牧師を派遣するのか、という問題である。宗教改革が始まってから数年ほどの間に、多くの司祭、修道士がルター派の牧師になったので、十分な数の牧師がいた。しかし、このようにして牧師を得る方法は、結局のところ十分ではないことが分かった。

67　改革者たちがヴィッテンベルクで牧師の按手を組織的に始めたのが、ようやくにして一五三五年であったことは注目に値する。『アウグスブルク信仰告白』（一五三〇年）の中で、改革者たちは、司教自身が宗教改革の信念に従った説教を許すなら、司教たちに従うつもりである、と宣言した。しかし、そうならなかったので、改革者たちは、司教による司祭叙階という伝統的な手段を維持し、そのことで宗教改革的説教を放棄するのか、それとも宗教改革的説教を維持して、牧師の按手を別な牧師が執行するのか、という選択に直面しなければならなかった。改革者たちは、後者の解決策を選択し、初代教会のヒエロニュムス（三四七－四一九／二〇年）にまで遡る牧会書簡の解釈の伝統を掘り起こした。

68 ヴィッテンベルク大学神学部教授会のメンバーは、教会を代表して候補者の神学と生活態度の両方を審査した。牧師は教会全体の働きのために按手を受けたので、按手式は、受按者の教会ではなく、ヴィッテンベルクで行われた。按手式での証言は、受按者の奉じる教理が普遍的教会と一致していることを強調した。按手式の式次第は、手を按《お》くことと聖霊への祈りから成っていた。

宗教的対立の克服に向けた神学的試み

69 『アウグスブルク信仰告白』（一五三〇年）は、ルター派宗教改革の宗教的対立を決着させようとした。その第一部（第一条から第二一条）は、「公同的教会、またローマ教会から見た」教理と一致しているとされたルター派の教えを提示し[18]、第二部は、「誤用」と理解された特定の慣行を正すために、改革者たちが始めた変更を取り扱い（第二二条から第二八条）、変更の理由を示している。第一部の終わりには、「以上が、だいたいわれわれの教理の概略であって、これを見れば明らかであるように、ここにはなんら聖書にもとるものはなく、また公同教会にも、また教父たちの著作によってうかがい知るかぎり、ローマ教会にもそむくものはありません。こういうわけですから、われわれの教師たちを異端者とみなすべきだと主張する人々は、不当に苛酷な判断をくだすものでありま[19]す」と書かれている。

70 『アウグスブルク信仰告白』は、教会の一致を保ち、目に見える一つの教会の中に留まろうとしたルター派改革者たちの決意に対する強力な証言である。相違は小さなものでしかないと明言する『アウグスブルク信仰告白』は、今日、われわれが「相違を含む合意」と呼んでいる事態に似ている。

71 カトリックの神学者の中には、『アウグスブルク信仰告白』に応答する必要性を直ちに認識した人々がいて、『アウグスブルク信仰告白に対する反駁』を急いで著した。この『反駁』は、『アウグスブルク信仰告白』の本文と論拠に密接に沿っていた。『反駁』は、『アウグスブルク信仰告白』と並んで、三位一体、キリスト、洗礼の教理など、一連のキリスト教の中心的教説を主張することができた。しかし、『反駁』は、聖書本文や教父たちの本文を根拠に、教会とサクラメントの教理に関してのルター派の一連の教説を拒否した。ルター派は『反駁』の論拠に納得できなかったので、『アウグスブルク信仰告白』と『反駁』の間の相違を調和させるために、一五三〇年の八月下旬に公式の対話が始められた。しかし、この対話は、残っていた教会論とサクラメント論の諸問題を解決することができなかった。

72 宗教的対立を克服しようとした別な企てが、いわゆる「宗教対談」(Religionsgespräche) で、シュパイエルとハーゲナウ (一五四〇年)、ヴォルムス (一五四〇－四一年)、レーゲンスブルク (一五四一－四六年) で開かれた。皇帝あるいは皇帝の弟のフェルディナント王 (一五〇三－六四年) が対談を招集し、対談は皇帝代理の主宰のもとで行われた。その目的は、ルター派をその論敵の確信的主張のもとに戻るよう説得することであった。対談では、戦術、策謀、政治的圧力が重要な役割を果たした。

73 交渉は、『レーゲンスブルク書』(*Regensburger Buch*, 一五四一年)で義認の教理に関する注目すべき本文を生み出すことに成功したが、聖餐の教理における対立は、克服不可能であると思われた。結局、ローマもルターもその結果を拒否し、こうした交渉の最終的破綻へと通じていった。

宗教戦争とアウグスブルク和議

74 皇帝カール五世とルター派の諸領邦の間で行われたシュマルカルデン戦争(一五四六-四七年)は、諸侯を打倒し、いっさいの変更を撤回するよう諸侯に強いることを目的としていた。当初は、皇帝の企図は成功した。皇帝は戦争に勝利し(一五四七年七月二〇日)、皇帝軍は間もなくヴィッテンベルクに進駐した。ヴィッテンベルクでは、ルターの遺骸を掘り返して焼却しようとした兵士たちを皇帝が阻止した。

75 皇帝はアウグスブルク国会(一五四七-四八年)で、ルター派にいわゆる「アウグスブルク仮協定」を押し付けたので、ルター派領邦内では止むことのない対立が生じるようになった。この文書は、主として愛を刺激する恵みとして義認を説明していた。また、司教や教皇に対する服従も強調していた。しかし、この文書は、司祭の結婚と二種陪餐を認めることもした。

76 一五五二年、諸侯たちの謀議の後に皇帝に対抗した新たな戦争が始まり、皇帝はオーストリアから撤退するよう強いられた。その結果、ルター派諸侯とフェルディナント王との間に和平協定が結ばれた。こうして、「ルター派の異端」を軍事手段で根絶しようとした試みは、結局のところ失敗に終わった。

77 戦争は一五五五年のアウグスブルク和議によって終わった。この協定は、違った宗教的信念を持つ民衆が一つの国の中で一緒に暮らす道を見いだそうとする試みであった。『アウグスブルク信仰告白』に忠実な領邦と都市は、カトリックの領邦と共にドイツ帝国内での存在が認められたが、改革派や再洗礼派などそれ以外の信仰を持つ人々は認められなかった。君侯と行政官は自らの臣下の宗教を決定する権利を持った。もし君侯が自分の宗教を変えたら、その領邦に居住する民衆は、司教が君侯であった地域(geistliche Fürstentümer)を別にして、自分たちの宗教も変えねばならなかった。臣下は、君侯の宗教に同意できない場合には、移住する権利を持っていた。

トリエント公会議

78 ルターの改革から一世代後に開かれたトリエント公会議（一五四五－六三年）は、シュマルカルデン戦争（一五四六－四七年）以前に開会され、アウグスブルク和議（一五五五年）の後に閉会した。大勅書『レターレ・エルサレム』（*Laetare Jerusalem*, 一五四四年一一月一九日）は、公会議で論じられるべき三つの議題を定めた。すなわち、教派間の分裂を癒すこと、教会の改革、オスマン・トルコに対抗する防衛計画を策定するために和平を達成することであった。

79 公会議は、各会期で教会の信仰を主張する教義上の教令と、教会の改革を促進するための規律上の教令を公布することに決めた。ほとんどの場合、教義上の教令は信仰に関する包括的な神学的説明を提示するのではなく、相違点を強調するような形で改革者たちが論じていた教理に集中的な関心を向けていた。

聖書と伝統

80 「あらゆる誤謬から浄化された福音の純粋性」を確保しようとしたトリエント公会議は、一五四六年四月八日に啓示の源泉に関する教令を承認した。この言葉をはっきりとは示さなかったが、公会議は、聖書を伝統から切り離すことに反論して、「聖書のみ」（sola scriptura）の原理を拒絶した。公会議は、「救いの真理全体と行動規範の源泉である」福音は、「書かれた書物と書かれざる伝統の中に」保たれていると宣言したが、聖書と伝統の関係を解明しなかった。教令はさらに、信仰と道徳に関する使徒的伝統は、「カトリック教会の中で中断されることなく保たれて」きたと教えていた。聖書と伝統とは、「同じ敬虔と畏敬の心をもって[20]」受け入れるべきものであった。

81 教令は、旧約と新約の正典文書のリストを公表した[21]。公会議は、聖書は教会の教えに対立して解釈されることも、教会の「教父たちの一致した教え」に対立して解釈されることもできない、と強調した。公会議は最後に、聖書の古いラテン語のウルガタ版は、教会で用いられる「真正な」本文である、と宣言した[22]。

82　義認に関しては、公会議は、業による義認というペラギウス（三五四頃―四二〇／二七年頃）の教理と信仰のみによる（sola fide）義認を共に明確に拒絶する一方で、信仰を第一義的には啓示された教理への同意として理解した。公会議は、人間はキリストに接ぎ木され、キリストの恵みは義認のプロセス全体を通じて必要であると公言することによって、義認のキリスト論的根拠を主張したが、そのプロセスには、恵みを受けるための態勢と自由意志の協力は排除されていなかった。公会議は、義認の本質は罪の赦しだけではなく、超自然的愛による「内的人間の聖化と刷新」[23]でもある、と宣言した。義認の形相因は「それによって神ご自身が義であるところの義ではなく、それによって神がわれわれを義とする神の義」であり、義認の目的因は、「神とキリストの栄光と永遠のいのち」である[24]。信仰は、義認の「初めであり、基礎であり、根拠である」と断言された[25]。義認の恵みは、信仰の喪失によるだけでなく、大罪によっても失われることがありうるが、告解のサクラメントによって回復されうる[26]。公会議は、永遠の命は単に報いであるだけでなく、恵みであると断言した[27]。

サクラメント

83　公会議は第七会期で、それによって「あらゆる真の義が始まるか、いったん受け取られれば強められるか、失われたなら回復されるかする」通常の手段としてサクラメントを指し示した。[28] 公会議は、キリストが七つのサクラメントを制定したと宣言し、サクラメントを単に受領者の信仰によってというのではなく、式の挙行自体によって（ex opere operato）恵みを引き起こす有効なしるしと定義した。

84　二種陪餐に関する討議は、どちらの形態のもとでも、分割されないキリストの全体が受け取られるという教理を表明した。[29] 公会議が閉会した（一五六五年四月一六日）後、教皇は、ドイツのいくつかの領邦教会地区とハプスブルク家の世襲領土で、一定の条件のもとで信徒が杯に与かることを認可した。

85　公会議はミサの犠牲的性格に対する改革者たちの批判に応えて、ミサは十字架の犠牲を現在化する贖罪の犠牲であると述べた。公会議は、ミサでは祭司キリストが十字架上のそれと同じ犠牲を違った仕方で献げるので、ミサはカルワリオ（カルバリ）でのただ一度限りの犠牲の繰り返しではない、と教えた。公会議は、聖人を崇敬するため、また生者であれ死者であれ信仰者のために、ミサを献げることができる、と決定した[30]。

86 叙階に関する教令は、叙階のサクラメントとしての性格と神の命令に基づく教会の位階制の存在を決定した[31]。

司牧職の改革

87 公会議は司牧職の改革も始めた。改革のための教令は、優れた司祭教育のための、もっと効率的な神学校を設立することによって、また日曜日と祝祭日に説教を行うことを要求することによって、神の言葉をいっそう効果的に宣べ伝えることを促進した。司教と司祭は、自分の教区と小教区に在住することを義務づけられた。公会議は、司教の権限を拡大すると同時に、裁治権、叙階、聖職推挙権、聖職禄と贖宥に関する事項で若干の誤用を除去した。司教は、教皇直轄の聖職禄封地の巡察を行い、教皇直轄の修道会や聖堂参事会の司牧活動を監督する力を与えられた。公会議は、管区会議と教区会議の設立を規定した。信仰をいっそう効果的に伝えるために、ペトルス・カニシウス（一五二一－九七年）の教理問答のように、教理問答を書くという新たな実践を奨励し、『ローマ・カテキズム』の作成を準備した。

帰結

88　トリエント公会議は、相当程度プロテスタント宗教改革に対する応答であったが、特定の個人や団体を断罪せずに、特定の教理的立場を断罪した。公会議の教理上の教令は、総じてプロテスタントの過ちであると考えた事項に対する応答だったので、プロテスタントとカトリックの間に論争的環境を作り上げ、プロテスタンティズムに対立してカトリシズムを定義する傾向を持っていた。こうした取り組み方では、教令は、同様にルター派の立場をカトリックに対抗して定義していたルター派の多数の信仰告白文書を反映していた。トリエント公会議の決定は、第二バチカン公会議に至るまで、カトリックのアイデンティティの形成の基礎となっていた。

89　トリエント公会議の第三会期末までには、西方世界の教会の一体性が損なわれたことを冷静に認めざるを得なかった。ルーテル教会の地域では新たな教会構造が発展していた。一五五五年のアウグスブルク和議は当初、安定した政治的関係を保証したが、それも一七世紀におけるヨーロッパの大きな紛争、すなわち三十年戦争（一六一八－四八年）を防ぐことはできなかった。強力な教派的線引きを保った世俗的国民国家の設立は、宗教改革期から継承された重荷となり続けた。

第二バチカン公会議

90 トリエント公会議はルーテルとカトリックの関係を何世紀にもわたって、全体として規定していたが、その遺産は、今では第二バチカン公会議（一九六二―六五年）がとった行動というレンズを通して見られねばならない。この公会議は、カトリック教会がエキュメニカル運動に参入し、宗教改革後の一触即発の論争的環境を後にすることを可能にした。『教会に関する教義憲章』（*Lumen Gentium*）、『エキュメニズムに関する教令』（*Unitatis Redintegratio*）、『信教の自由に関する宣言』（*Dignitatis Humanae*）、『神の啓示に関する教義憲章』（*Dei Verbum*）は、カトリックのエキュメニズムの基本文書である。第二バチカン公会議は、キリストの教会はカトリック教会の中に存立していると断定する一方で、「その組織の外にも聖化と真理の要素が数多く見いだされるが、それらは本来のキリストの教会に属するたまものであり、カトリック的一致へと促すものである」（*LG* 8）とも認めた。信条、洗礼、聖書のように、カトリック教会が他のキリスト教会と共有するものに対する積極的な評価がなされた。教会間の交わりの神学は、カトリック教会は、イエス・

キリストを告白し、洗礼を受けているあらゆる人々と、たとえ不完全ではあったとしても、現実の交わりの中にある、と主張した（*UR* 2）。

第四章　ルーテル教会とローマ・カトリック教会の対話に照らして見た マルティン・ルターの神学の主要テーマ

91　一六世紀以来、マルティン・ルターとルター派神学の基本的確信は、カトリック教会とルーテル教会の間で論争事項となってきた。エキュメニカルな対話と学術的研究とはこうした論争を解析し、必ずしも相互排他的ではないそれぞれの異なる言葉遣い、異なる思想構造、異なる関心事を特定することによって、そうした論争事項を克服しようとしてきた。

92　本章においては、カトリック側とルーテル側とは共に、マルティン・ルターが展開したいくつかの主要な神学的主張を提示する。この共同の記述は、カトリック側が、ここに提示されているマルティン・ルターが語ったことのすべてに合意している、という意味ではない。エキュメニカルな対話と相互理解をなおのこと進展させる、という必要性は依然として残っている。にもかかわらず、エキュメニカルな対話の旅を続けてきたわれわれは、この共同の説明を可能にする段階にまで到達した。

93 ルターの神学とルター派の神学を識別すること、とりわけ、ルターの神学とルター派の信仰告白文書で表明されたルター派諸教会の教理とをそれぞれ識別することが重要である。ルター派諸教会の教理は、エキュメニカルな対話の主要な基準となっている。しかし、ここでは、一五一七年一〇月三一日を記念するのだから、ルターの神学に集中的関心を向けるのが適切である。

本章の構造

94 本章は、ルターの神学の中で四つのテーマだけに集中する。すなわち、義認、聖餐、教会の職務、聖書と伝統である。教会生活にとってこうしたテーマが持つ重要性のゆえに、またそうしたテーマが何世紀にもわたって論争を引き起こしてきたので、カトリック教会とルーテル教会の対話では、こうしたテーマは幅広く論じられてきた。以下に提示するのは、こうした対話の実りを集めたものである。

95　それぞれのテーマに関する議論は三段階で進められる。まず、この四つの神学的テーマのそれぞれについて、ルターの観点が提示され、次いで、そのテーマに関するカトリックの関心事が手短かに述べられる。続いて要約では、エキュメニカルな対話の中で、ルターの神学がどのようにしてカトリックの教理との対話に取り上げられたかが示される。この部分は、両教会が共に主張してきたことを浮き彫りにし、依然として残っている相違を特定している。

96　今後の議論で重要なテーマは、われわれが依然として異なる強調点を持っている争点について、とりわけ教会の教理をめぐって、いかにして議論の収斂点を深化させることができるか、という点にある。

97　ルーテル側とカトリック側の間の対話文書のすべてが、合意事項で同じ重要性を持っているというわけではないし、すべてがカトリック教会とルーテル教会で等しく受け入れられてきたわけでもない、という事実に注意を向けることが重要である。最も高い水準の権威を持っているのは、一九九九年一〇月三一日にドイツのアウグスブルクでルーテル世界連盟とローマ・カトリック教会の代表者が調印し、二〇〇六年に世界メソジスト協議会が賛同した『義認の教理に関する共同宣言』である。この文書を作成した両教会は、その他にも国際的対話委員会や国内的対話委員会からの報告も受け取ってきたが、こうした報告が、ルーテル教会とカトリック教会の神学と生活に対して持つ影響力は様々である。今や教会の指導者たちは、エキュメニカルな対話の成果を尊重し、受容する継続的責任を共に負っている。

マルティン・ルターにおける中世からの遺産

98 マルティン・ルターは、中世後期の世界に深く根ざしていた。ルターは、中世後期の諸神学に対して、受容的であると同時に批判的に距離を置いたり、あるいはそうした神学の限界線を越えていったりする過程にあった。一五〇五年、ルターはエルフルトでアウグスティヌス隠修修道会の修道士になり、一五一二年にヴィッテンベルク大学の神学教授になった。ルターはこの立場から、自分の神学活動をまずもって聖書解釈に集中させた。聖書に対するこうした強調は、アウグスティヌス隠修修道会の会則が会士に期待していたことと完全に軌を一にしていた。すなわち、自分自身のためだけでなく、他者の霊的利益のためにも、聖書を研究し黙想することであった。ルターが自分の神学を発展させ、最終的にそれを形成する上で決定的に重要な役割を果たしたのが、教父たち、とりわけアウグスティヌス（三五四―四三〇年）であった。ルターは一五一七年に「われわれの神学と聖アウグスティヌスは望ましく共に進歩している」[32]と書き、『ハイデルベルク討論』（一五一八年）では、聖アウグスティヌスを使徒パウロの「最も忠実な解釈者」[33]と呼んでいる。このように、ルターは教父たちの伝統の中に非常に深く根ざしていた。

修道・神秘神学

99 ルターは、スコラ神学者に対しては非常に批判的な態度を持つ一方で、二〇年間アウグスティヌス隠修修道会の修道士だった者として、修道院神学の伝統の中で生き、考え、神学を行った。最も影響力のあった修道院神学者の一人が、クレルヴォーのベルナルドゥス（一〇九〇―一一五三年）で、ルターはベルナルドゥスを高く評価していた。神と人間の出会いの場として聖書を解釈するルターの手法は、ベルナルドゥスの聖書解釈と明白に対応する。

100　ルターは中世後期の神秘主義的伝統の中にも深く根ざしていた。ルターは、ヨハネス・タウラー（一三六一年没）のドイツ語説教に助けられたことがあったし、自分の理解者がそこにいると感じていた。ルターはそれだけでなく、著者不明の『ドイツ神学』（*Theologia Deutsch*, 一五一八年）という神秘主義的文書を出版した。この文書はルターが出版したことによって、広く流布し、よく知られるようになった。

101　ルターは生涯を通じて、修道会の上長、ヨハネス・フォン・シュタウピッツ（一四六八／六九－一五二四年）と苦難の時にルターの慰めになったそのキリスト中心的神学に大きな感謝の念を抱いていた。シュタウピッツは婚姻神秘主義の代表者であった。ルターは、「シュタウピッツがこの教理を創始した[34]」と語ったり、「まず第一にこの教理におけるわたしの父であり、キリストにおいてわたしを生んでくれた[35]」とシュタウピッツを称賛したりして、ルターを助けたシュタウピッツの影響力を繰り返し認めていた。中世後期に信徒のための神学が発展していた。この敬虔な神学（Frömmigkeitstheologie）は、日常的な言葉でキリスト教的生活を考察し、信心業の実践に方向付けられていた。ルターはこの神学の刺激を受けて、自分も信徒のための小冊子を書いた。ルターは多くの同じ主題を取り上げたが、そこにルター独自の色合いも込めた。

義認

ルターの義認理解

102 ルターは、悔悛（ゆるし）のサクラメントを考察することから、とりわけマタイによる福音書一六章19節との関連で、基本的な宗教改革的洞察の一つを得ていた。ルターが受けた中世後期の教育では、次のように理解するよう教えられていた。すなわち、神は、すべてにまさって神を愛する行為を果たすことによって、自分の罪を痛悔する人を赦す。神を愛するこの行為に対して、神は、神の契約（pactum）に従って神の恵みと赦しを新たに授けることによって[36]（facienti quod in se est deus non denegat gratiam）、応えてくださる。したがって司祭は、神は悔い改めた人の罪をすでに赦してくださったと宣言することしかできない、と。ルターは、マタイによる福音書一六章は正反対のことを述べていると結論づけた。つまり、司祭は悔い改めた人を義と宣言するが、神に代わってなされるこの行為によって、罪人は実際に義となる、と。

約束としての神の言葉

103 ルターは、神の言葉はそれが語る内容を創造する言葉であり、約束（promissio）としての性格を持つ言葉である、と理解した。このような約束の言葉は、特定の場所と時間に、特定の人間によって、特定の人間に向けて語られる。神の約束は人間の信仰に向けられている。それを受けて、信仰は、約束されていることを信仰者に個人的に約束されているものとして把握する。ルターは、こうした信仰が、神の約束の言葉に対する唯一の適切な応答である、と力説した。人間は、自分自身から目を離し、神の約束の言葉だけに目を向け、それに全面的に信頼するようにと呼び掛けられている。信仰はわれわれをキリストの約束の中に堅く据えるので、信仰者に完全な救いの確かさを与える。この言葉に信頼しないことは、神を嘘つきに、つまり、その言葉を究極的には信頼することができない方にしてしまうであろう。ルターの見解では、このように不信仰は神に対する最大の罪である。

104 約束と信頼の関係は、悔悛のサクラメント内部で、神と悔い改める人の間に相関的対応を築くことに加えて、神の言葉が宣べ伝えられる際に神と人間の間の関係も形成する。神は、人間に対する神の救いの意志を示す約束の言葉を人間に与えることによって――サクラメントもこうした約束の言葉である――人間に向かい合うことを望んでおられる。他方、人間は神の約束を信頼することによってのみ、神に向き合わねばならない。信仰は、全面的に神の約束に依り頼むことである。信仰は、人間が信頼を寄せる対象を創り出すことはできない。

105　しかしながら、神の約束に信頼することは、人間の決断に属す事柄ではない。そうではなく、聖霊がこの約束は信頼に足るものであることを示し、そのことによって人間の中に信仰を創り出す。神の約束とその約束に対する人間の信仰は、一体のものである。約束の「客観性」と信仰の「主体性」のどちらの側面も強調される必要がある。ルターによれば、神は、知性が同意しなければならない情報として神的現実を啓示するだけではない。神の啓示は常に、救済論的目的も持っていて、それは信仰者の信仰と救いに差し向けられている。信仰者は神が与える「あなたがたのための」約束を「わたしのための」あるいは「わたしたちのための」(pro me, pro nobis) 神の言葉として受け取るのである。

106　神ご自身の一方的な働きかけが、人間に対する救いの関係を確立する。このように救いは恵みによって生起する。恵みの賜物は受けることができるだけである。この賜物は神の約束によって媒介されるので、行いによってではなく、信仰によってしか受け取ることはできない。救いは恵みのみによって生起する。にもかかわらず、ルターは義とされた人間は霊によってよい行いを行う、と常に強調した。

キリストのみによって

107 人間に対する神の愛は、イエス・キリストに中心があり、イエス・キリストに根ざし、イエス・キリストにおいて具現される。こうして、「恵みのみによって」は、常に「キリストのみによって」により説明されねばならない。ルターは、人間とキリストの関係を霊的結婚というイメージを用いて表現する。魂が花嫁であり、キリストが花婿である。信仰が結婚指輪である。結婚の法によれば、花婿の財産（義）は、花嫁の財産になり、花嫁の財産（罪）は、花婿の財産になる。この「喜ばしい交換」が、罪の赦しと救いである。

108 このイメージは、外的な何かが、すなわちキリストの義が、内的な何かになることを示している。それは、魂の財産になるが、そのことはキリストの約束に対する信頼を通したキリストとの一体化においてのみ生じるのであって、キリストと離れてということではない。ルターは、われわれの義は、それがキリストの義なので、全面的に外的であるが、キリストに対する信仰によって全面的に内的とならねばならない、と力説した。この両側面が等しく強調されなければ、救いのリアリティーが正しく理解されることはない。ルターは言う。「キリストが現臨されるのは、まさしく信仰においてである」[37]。キリストは「われわれのために」(pro nobis)、われわれの中に(in nobis)おられ、われわれは、キリストのうちに(in Christo)存在する。

律法の意義

109 ルターはまた、神学的意味あるいは霊的意味における律法との関連で、神がわれわれに何を要求されるのかという観点から、人間のリアリティーを理解した。イエスは、「心を尽くし、精神を尽くし、思いを尽くして、あなたの神である主を愛しなさい」(マタイ二二・37)と言われることによって、神の意志を示しておられる。これは、神の掟は神に対する全面的な献身によってしか成就されない、という意味である。ここには、意志とそれに応じた外的行為だけでなく、感情、希求、人間的努力など、人間の魂と心の全側面、すなわち、意志の支配下になかったり、徳を通じて間接的で部分的にしか意志の支配下にない、魂の側面や運動も含まれている。

110 法的で道徳的な領域では、自分が行うことができる以上のことを行うようには誰も義務づけられてはいない（ultra posse nemo obligatur）、という直観的に明らかな古くからの規範が存在している。このように、中世では多くの神学者が、神を愛せよというこの掟は、意志に限定されなければならないと確信していた。この理解によれば、神を愛せよという掟は、魂のあらゆる動きが神に向けられ、献げられていなければならないことまでは要求していない。そうではなく、意志が何ものにもまさって神を愛する（つまり、意志する）（diligere deum super omnia）ことで十分である。

111　しかし、一方では法的で道徳的な律法理解と、他方では神学的な律法理解の間には相違がある、とルターは論じた。神は、堕落した人間の状態に神の掟を適合させてくださったわけではない。そうではなく、神学的に理解すれば、神を愛せよという掟は、人間の現状と悲惨さとを示している。ルターが『「スコラ神学反駁」討論』に書いたように、「怒ることがなく、むさぼることがない者とは、霊的に殺すことがなく、姦淫することがなく、盗むことがない者のこと[38]」である。その意味では、神の律法は、第一義的には外的な行為や行動あるいは意志によって成就されるのではなく、神の意志に対する全人格の全身全霊を込めた献身によって成就されるのである。

キリストの義に与かる

112　神の律法を成就する際に、神は全身全霊による献身を要求しているというルターの立場は、ルターがなぜ、われわれはキリストの義に全面的に依存しているとあれほど強く強調したのか、その理由を説明している。キリストは神の意志を成就した唯一の方であって、彼以外のあらゆる人間は、厳密な意味では、つまり神学的な意味では、われわれがキリストの義に与かるときに、初めて義となることができる。このように、われわれの義は、それがキリストの義である限りは外的な義であるが、それはキリストの約束に対する信仰によってわれわれの義に、すなわち、内的な義にならねばならない。神に対するキリストの全身全霊の献身に与かることによってしか、われわれは完全に義となることはできない。

113　福音はわれわれに「ここにキリストとキリストの霊がある」と約束するので、キリストの義に与かることは、われわれを新たにしてくれる聖霊の力のもとにいなければ、決して実現しない。このように、義であることと新たにされることとは、密接不可分に結びついている。ルターは、例えばガブリエル・ビール（一四三〇―九〇年）のような身近な神学者たちを、恵みの変容力に強調を置きすぎたとして、批判することはなかった。ルターはむしろ逆に、彼らは信仰者における現実の変化にとってそれが根本的なものであることを十分に強調しなかったとして、反論した。

律法と福音

114 ルターによれば、われわれがこの世に生きている限り、この刷新は決して完全なものにはならない。だから、使徒パウロから取られた、人間の救いを説明する別なモデルが、ルターにとって重要になった。パウロはローマの信徒への手紙四章3節で、「アブラハムは神を信じた。それが、彼の義と認められた」と言われている創世記一五章6節のアブラハムに言及し、「しかし、不信心な者を義とされる方を信じる人は、働きがなくても、その信仰が義と認められます」（ローマ四・5）と結論づけている。

115 ローマの信徒への手紙からのこの本文は、ある人が義と宣言される法廷でのイメージを組み込んでいる。もし神が誰かを義であると宣言するなら、それはその人の状態を変え、新たな現実を創造する。神の判決は人間の「外側」に留まっていない。たとえ義とされた人間から神に全面的に献身する人間への内的刷新のプロセスは、この地上の生涯では完成することがないとはいえ、その人全体が神に受け入れられ、救われることを強調するために、ルターはパウロのこのモデルをよく使っている。

116　聖霊によって新たにされるプロセスの中にある信仰者として、全身全霊で神を愛せよという神の掟を、われわれはいまだに完全には成就していないし、神の要求にも適っていない。こうして、律法はわれわれを告発し、われわれが罪人だとする。律法に関して、神学的に理解するなら、われわれは、われわれが依然として罪人であることを信じる。しかし、「ここにキリストの義がある」とわれわれに約束する福音に関して言えば、われわれは福音の約束を信じているので、われわれは義であり、義とされている。これが、義人であると同時に罪人である（simul iustus et peccator）、というキリスト者に関するルターの理解である。

117　ここには何の矛盾もない。というのは、われわれは神の言葉に対する信仰者の二つの関係を区別しなければならないからである。つまり、罪人を裁く限りで、神の律法として機能する神の言葉との関係と、キリストが贖ってくださる限りで、神の福音として機能する神の言葉との関係である。前者の関係から見れば、われわれは罪人である。後者の関係から見れば、われわれは義であり義とされている。この後者が主要な関係である。このことは、キリストは、われわれが永遠に救われているというキリストの約束にわれわれが信頼するとき、われわれを絶えざる刷新のプロセスの中に組み込んでくださる、という意味を持っている。

118 これが、キリスト者の自由をルターがあれほど強く強調した理由である。キリスト者の自由とは、キリストの約束の中で恵みのみによって、また信仰のみによって神に受け入れられているという自由、罪の赦しによる律法の告発から解き放たれるという自由、隣人に何の報いも求めずに、自発的に仕えていくという自由である。無論、義とされた人間は、神の掟を果たす義務を負っているし、聖霊の働きかけのもとでそうするであろう。ルターが『小教理問答』の中で十戒の説明の前に「わたしたちは神を畏れ、愛さなければなりません。ですから……」[39]と宣言しているとおりである。

義認に関するカトリック教会の関心事

119 一六世紀においてさえ、神の憐れみの必要性と自らの努力では救いを達成することができない人間の無能性については、ルーテル側の立場とカトリック側の立場の間には、重要な共通理解があった。トリエント公会議は、罪人は律法によっても人間の努力によっても義とされることはできないと明瞭に教え、「自分の本性的な力によるのであれ、律法の教えを通してであれ、キリスト・イエスを通じた神の恵みなしに、自分自身の行いで神の前に義とされることができる」(40)と語る者は誰をも排斥した。

120　しかし、カトリック側は、ルターの立場のいくつかに困惑した。ルターの言葉遣いの中には、ルターが自分の行為に対する個々人の責任を否定しているのではないかとカトリック側を憂慮させる言葉があった。これが、トリエント公会議が人間の個人的責任と、神の恵みに協力する人間の能力とを強調した理由である。カトリック側は、義とされた人間は自分の生涯の中で恵みが開花していくプロセスに関与しなければならない、と強調した。こうして、義とされた者にとって、人間の努力は、恵みと神との交わりの中でいっそう強く成長するために貢献することになる。

121　さらに、カトリック側の読み方によれば、「法廷論的転嫁」というルターの教理は、罪を克服し、義人を変容する神の恵みの創造的力を否定しているように思われた。カトリック側は、罪の赦しだけでなく、罪人の聖化も強調したいと願っていた。このように、キリスト者は聖化において、それによって神がわれわれを正しい者とする「神の義」を受ける。

義認に関するルーテル教会とローマ・カトリック教会の対話

122 ルターもその他の改革者たちも、罪人の義認の教理を「最初で主要な条項であり[41]」、「キリスト教教理の全体を通じて導き手であり、審判者である[42]」と理解した。これが、この点をめぐる分離があれほど重大で、その分離を克服する課題が、カトリック教会とルーテル教会の関係にとって、最大の優先事項になった理由である。二〇世紀の後半に、この論争が、個々の神学者や一連の国際的・国内的対話による広範な研究の主題であった。

123 こうした研究や対話の結果は、『義認の教理に関する共同宣言』の中に要約され、一九九九年にローマ・カトリック教会とルーテル世界連盟によって公式に受け入れられた。以下の説明は、この宣言に基づいている。この宣言は、共同の声明文と共に、それぞれの側の違った強調点を並べ、なおかつこうした相違は共通点を無効にはしないという主張を添えることとから成る「相違を含む合意」を提示している。だから、それは相違を取り除くのではなく、はっきりと相違を含んだ合意である。

恵みによってのみ

124 カトリック側とルーテル側は共に告白する。「われわれは、われわれの側のいかなる功績によってでもなく、恵みによってのみ、キリストの救いのみ業への信仰において、神に受け入れられ、聖霊を受ける。この聖霊がわれわれの心を新たにし、それによってよい行いへとわれわれに力を与え、召し出す」（*JDDJ* 15）。「恵みによってのみ」という句は、さらに次のように説明されている。「義認の使信は……罪人であるわれわれに新しいいのちが与えられるのは、ひとえに（罪を）赦し（罪人を）新たにされる神の憐れみのゆえであると告げる」[43]（*JDDJ* 17）。

125 人間の自由の限界と尊厳とが規定されうるのは、この枠組みの内部においてである。救いに向かう人間の動きとの関連では、「恵みによってのみ」という句は、次のように解釈される。「われわれは共にこう告白する。人間はその救いのために神の救いの恵みに全く依存する。人間、あるいはこの世の事物に対して人がもっている自由は、救済の視点から見ればなんら自由とは言えない」（*JDDJ* 19）。

126　ルーテル側が、人間は義認をただ受け取ることができるのみであると力説するにしても、そこで意図されていることは、「それによって自分自身の義認への貢献の可能性を除外する」ことであって、「神の言葉そのものによって引き起こされる信仰において、完全な人格的な参与があることを否定するものではない」（*JDDJ* 21）。

127　カトリック側が、「協力」という観点から恵みへの準備という言い方をするとき、そこで意図されていることは、人間の「人格的同意」のことであって、同意自体に「恵みの働きを見ているのであって、それを人間が自分の能力によって行う行為だと見ているのではない」（*JDDJ* 20）。このように、カトリック側は、罪人は「解放を求めて自分自身の力で神へと向き直ることも、神の前に自らの義認を手に入れることも、自らの能力によって救いを獲得することも不可能だからである。義認はただ神の恵みによってのみもたらされる」（*JDDJ* 19）という共同の表現を無効にするわけではない。

128　信仰は肯定的認識として理解されるだけでなく、神の言葉に基づく心の信頼としても理解されることができるので、さらに共に次のように言うことができる。「義認は『恵みによってのみ』（*JDDJ* 15 および 16）、信仰を通してのみ起こり、人間は『行いとは無関係に義とされる』（ローマ三・28、*JDDJ* 25参照）」（*JDDJ*, Annex 2C）[44]。

129　しばしば切り離され、一方かあるいは他方の信仰告白に帰され、両者には帰されていなかったものが、今や有機的統一性の中で理解されている。「人間が信仰においてキリストに与かるときに、神はもはや彼らの罪を彼らに帰すことはなさらず、聖霊を通して彼らのうちに積極的な愛を引き起こしてくださる。神の恵み深い行為のこれらの二つの側面は分離されるべきではない」（*JDDJ* 22）。

信仰とよい行い

130　信仰と行いの統一性がどのように見られるかについて、ルーテル側とカトリック側が共通の見解を抱いていることは重要である。信仰者は「義とする信仰によって神の恵み深い約束に対して信頼を置くが、この信仰は神への希望と愛とを含む。この信仰は愛において行動的となる。それゆえキリスト者は実践がないままにとどまることはありえず、そうあってはならない」（*JDDJ* 25）。それゆえ、ルーテル側も神の恵みの創造的力を告白する。それは「人間のあらゆる次元に影響を及ぼし、希望と愛におけるいのちへと導く」（*JDDJ* 26）。「信仰のみによる義認」と「刷新」とは区別されねばならないが、分けられてはならない。

131　同時に、「（義とされた）人間のうちで信仰の自由な賜物に先行したり、あるいは後から伴ったりするものはすべて、義認の根拠ではなく、義認をもたらすものではない」（*JDDJ* 25）。それが、カトリック側が義とする信仰に帰す創造的効力は、神と無関係な質であるとか、「それをもてるように神に訴えることができる人間的所有物」（*JDDJ* 27）であることを意味していない理由である。この見解はむしろ、神との新たな関係の内部で、義人は作り変えられ、キリストとの新しい交わりに生きる神の子とされることを考慮している。「神との、新しいこの人格的な関係は神の恵み深さに全面的に基礎づけられ、この恵み深い神の行う救いを創造する働きに常に依存し続ける。この神はご自身に対して真実であり続けるので、人間は神に自分を委ねきることができる」（*JDDJ* 27）。

132　よい行いの問題について、カトリック側とルーテル側は共に次のように言明する。「われわれは同時にこう告白する。神の掟は義とされた者にとって有効性を持ち続けている」（*JDDJ* 31）。イエスご自身も使徒的聖書も、キリスト者に対し、「義認に由来し、義認の実である」「愛の行いを実行するよう勧めているのである」（*JDDJ* 37）。それゆえ、掟の拘束的要求は誤解されてはならない。「義とされた者は神の掟を守るべきだと強調するとき、カトリック側がそのことによって、イエス・キリストをとおして神がその子らに永遠のいのちの恵みを憐れみ深く約束されたことを否定しない」（*JDDJ* 33）と言われている。

133　たとえルーテル側が、神により受け入れられることとキリストの義に与かることとしての義は常に完全であることを強調するにしても、ルーテル側もカトリック側も、キリストとの交わりの深化（*JDDJ* 38 以下を参照）という観点からよい行いの価値を認めることができる。論争の的になった功績という概念は次のように説明されている。「カトリック側がよい行いが『功績であること』を堅持するとき、言わんとするのは、聖書の証言に従えば、天における報いがこれらの行いに対して約束されているということである。カトリック側は、自分の行いに対する人間の責任を強調したいのであって、それらのよい行いの賜物としての性格について言い争おうとするものでもなければ、ましてや、義認そのものが功績なくして与えられた恵みの賜物としての性質に異議を唱えるものではない」（*JDDJ* 38）。

134　大いに論争された人間の協力という問題については、『義認の教理に関する共同宣言』

の付属文書の中に、ルター派信仰告白からの引用文が共通の立場として非常に注目すべき形で取り入れられている。「神の恵みの働きは人間の行為を除外しない。神は意欲も達成もすべてを行われて、われわれを動かされる（フィリピ二・12以下参照）。『聖霊がみ言葉とサクラメントをとおして、われわれのうちに生まれかわりと刷新の働きを始めるやいなや、われわれが聖霊の力によって協力することができるし、協力すべきであるのは、たしかなことである[45]』」。

義人にして同時に罪人

135　キリスト者は「義人にして同時に罪人」と語る際の相違をめぐる論争では、それぞれの側が、「罪」「欲望」「義」という言葉で必ずしも同じことを理解していないことが明らかになった。合意に到達するためには、言葉遣いだけでなくその内容にも集中的関心を向ける必要がある。カトリック側とルーテル側は、ローマの信徒への手紙六章12節とコリントの信徒への手紙Ⅱ五章17節をもとに、キリスト者においては罪が支配してはならないし、支配すべきではない、と語る。両者はさらに、ヨハネの手紙Ⅰ一章8－10節をもとに、キリスト者にも罪がないわけではない、と宣言する。両者は、罪に対する「生涯にわたる闘い」を必要とさせる、義とされた人間にもある「古い人間の自己中心的な欲望による神への対抗」心を指摘する（*JDDJ* 28）。

136　この傾向は、カトリック側が指摘するように、「人間についての、神の原初の計画」には対応せず、「客観的に見て、神に対する反抗」である（*JDDJ* 30）。カトリック側にとっては、罪は行為という性格を持っているので、ここでは罪という言い方はしない。他方、ルーテル側は、神に反抗するこの傾向の中に、自分自身を全く神に委ねることへの拒否を見ているので、それを罪と呼んでいる。しかし、両者は、この神に反抗する傾向は、義とされた者を神から引き離すことはない点も強調する。

137　枢機卿カイェタヌスは自らの神学体系に基づいて、またルターの著作を研究した後で、信仰の確かさに対するルターの理解は、新たな教会を設立することを意味する、と結論づけた。カトリック教会とルーテル教会の対話は、相互の誤解に繋がったカイェタヌスとルターの思考様式の違いを特定した。今日では、「カトリック側もまた宗教改革者と次の考えを共有することができる。すなわち、信仰をキリストの約束という客観的現実に基礎づけること、自らの経験に眼を向けることなく、キリストの赦しの言葉のみに信頼すること

（マタイ一六・19、一八・18参照）である」（*JDDJ* 36）と指摘することができる。

138　ルーテル側とカトリック側は、それぞれ相手の教派の教えを断罪した。それゆえ、『義認の教理に関する共同宣言』に示された「相違を含む合意」には、二重の側面が含まれている。一方では、『宣言』は、その中で表現されているカトリック側の教えとルーテル側の教えの相互拒否は、他方の教派に該当しない、と主張する。他方では、『宣言』は、義認の教理の基本的諸真理における合意を積極的に肯定している。「この『宣言』の中に述べられている義認の教理についての理解は、義認の教理の基本的諸真理における合意がルーテル側とカトリック側の間に存在することを示している」（*JDDJ* 40）。

139　「この合意の光のもとでは……なお残っている相違は、義認の理解の用語、神学的表現また強調点におけるものであって、受容できるものである。それゆえに、ルーテル側とカトリック側の義認信仰の展開には、そこに相違があっても、互いに開かれており、基本的諸真理に関する合意を無にするものではない」（*JDDJ* 40）。「こうして、一六世紀の教理上の断罪は、義認の教理に関するかぎりは、次のような新しい光のもとに現れる。すなわち、この『宣言』において提示されているルーテル諸教会の教えは、トリエント公会議の断罪に当てはまるものではない。『ルーテル教会信条集』における断罪は、この『宣言』の中に提示されたローマ・カトリック教会の教えに当てはまるものではない」（*JDDJ* 41）。これは、ほとんど五〇〇年もの間続いたこの教理をめぐる対立に対する極めて注目すべき応答である。

聖餐

主の晩餐に関するルターの理解

140 ルーテル側にとってもカトリック側にとっても、主の晩餐は貴重な賜物であって、キリスト者はそこに自分自身のための糧と慰めを見ているし、教会は聖餐において繰り返し新たに集められ、築かれる。それゆえ、聖餐をめぐる論争は苦痛を引き起こしている。

141 ルターは、制定句（設定辞）のラテン語本文から明らかなように、主の晩餐のサクラメントをまさに死なんとしている人の遺言（testamentum）であり、約束であると理解した。ルターは当初、キリストの約束（testamentum）を、約束を与える恵みであり、罪の赦しであると考えたが、フルドリヒ・ツヴィングリ（一四八四－一五三一年）との論争では、キリストはご自身を、つまりそこに現実（真実）に現臨するキリストの体と血とを与えてくださるという自分の信仰を強調した。信仰がキリストを現臨させるのではない。その人がそれを信じているかどうかに関わりなく、ご自身を、その体と血を聖餐に与かる者に与えてくださるのは、キリストである。このように、当時の教理に対するルターの反論は、イエス・キリストの現実の現臨を否定したということではなく、主の晩餐における「変化」をどのように理解するかに関わりがあった。

キリストの現実の現臨（リアル・プレゼンス）

142 第四ラテラノ公会議（一二一五年）は、「実体変化する」（transubstantiare）という動詞を使ったが、それは実体と偶有の区別を含意している。[46] ルターにとって、それは主の晩餐で起こっていることに関する一つの可能な説明ではあったが、こうした哲学的説明が、どうしてすべてのキリスト者にとって拘束力を持つ説明であるのか、理解できなかった。いずれにしても、ルター自身は、サクラメントにおけるキリストの現実の現臨を強く強調した。

143　ルターは、キリストの体と血とがパンとぶどう酒という形態「の中に、と共に、のもとに」現臨していると理解した。キリストの体と血と、パンとぶどう酒との間には、属性の交流（融通）（communicatio idiomatum）がある。このことが、パンとキリストの体、ぶどう酒とキリストの血の間に、サクラメントとしての一致を造り出す。属性の共有によって形成されるこの新たな一致は、キリストにおける神性と人間性の一致と類比関係にある。ルターはこのサクラメントとしての一致を、鉄と火が一体化して灼熱状態の鉄において一致することにもなぞらえた。

144　「皆、この杯から飲みなさい」（マタイ二六・27）という制定の言葉に対する理解の結果として、ルターは二種による陪餐を信徒に禁じる慣行を批判した。ルターは、その場合には信徒はキリストの半分しか受け取らないと論じたのではなく、信徒はどちらの形態でも実際にキリスト全体を受け取ると主張したのである。しかし、ルターは、教会には信徒に対してぶどう酒を授けることを控える資格があることを否定した。制定の言葉は、この点で非常に明確だからである。カトリック側は、一種での陪餐の慣行を導入したのは、おもに司牧的理由からであることをルーテル側に想起させている。

145 ルターは、主の晩餐は共同の出来事であり、真の食事であって、聖別された物素（パンとぶどう酒）は聖餐の祝いの後に保存せず、食べ尽くされることを意図しているとも理解した。ルターは、キリストの現臨の持続性の問題が最初から生じることがないように、すべての物素を用いきるように勧めた(47)。

聖餐の犠牲

146 カトリックの聖餐の教理に対するルターの主要な異議は、犠牲としてのミサの理解に向けられていた。独自で一度限りで完全なキリストの犠牲（ヘブライ九・1－一〇・18）が、信仰者がそれに与かることができるために現在化する、真の想起（アナムネーシス、Realgedächtnis）としての聖餐の神学は、中世後期にはもはや完全には理解されなくなっていた。その結果、多くの人がミサの祝いはキリストの一度限りの犠牲に付け加えられたもう一つの犠牲であると受け取った。ドゥンス・スコトゥス（一二六五／六六－一三〇八年）に由来する一理論によれば、ミサの回数の増加は恵みの増加を引き起こし、その恵みが個々の人に適用されると考えられた。それが、たとえばルターの時代にヴィッテンベルクの城教会で、一年に何千回もの私誦ミサが行われた理由である。

147　ルターは、制定の言葉によれば、キリストは主の晩餐においてキリストを受け取る者にご自身をお与えになるが、キリストは賜物として信仰において受けることができるだけで、献げられるのではないと力説した。もしキリストが神に献げられるのだとすれば、聖餐の内的構造と方向性は逆転することになろう。ルターの目からすれば、聖餐を犠牲として理解することは、聖餐はわれわれが行い、神に献げるよい行いであることを意味していた。しかし、ルターは、われわれは誰かの代わりに洗礼を受けることができないように、誰か他の人の代わりに、またその人の利益のために、聖餐に与かることはできないと論じた。その場合、われわれは、キリストご自身であり、キリストがわれわれに献げてくださる最も貴重な賜物を受ける代わりに、何ものかを神に献げようとし、そのことによって神の賜物をよい行いに変えてしまうことになろう。

148　それにもかかわらず、ルターはミサの中に犠牲的要素、すなわち感謝と賛美の犠牲を見ることができた。それは、まさしく犠牲である。感謝を献げることによって、人間は自分が賜物を必要としており、自分の状況はその賜物を受けることによってしか変わらないことを認めるからである。このように、信仰において真に受け取ることには、軽視されてはならない能動的要素が含まれている。

聖餐に関するカトリック教会の関心事

149　カトリックの側では、「実体変化」という概念をルターが拒絶したことは、キリストの現実の現臨の教理がルターの神学の中で完全に肯定されているのかどうかという疑問を引き起こした。トリエント公会議は、われわれはキリストの現臨のあり方を言葉で表現し尽くすことはできないのを認め、物素の変化の教理をどのようにしてそうなるのかという概念的説明と区別したが、それでも「聖なるカトリック教会は、この変化をふさわしくかつ正当に実体変化と呼んできた(48)」と宣言した。カトリック側の観点からすれば、実体変化の概念は、パンとぶどう酒という形態におけるイエス・キリストの現実の現臨を主張するための、またそれぞれの形態におけるイエス・キリストの完全な現実性を確証するための、最善の保証であると思われた。カトリック側が創造された物素の変容に拘るのは、古い被造物のただ中で新たな創造を行う神の創造的力を浮き彫りにしたいからである。

150　トリエント公会議は、聖体を礼拝する慣行を擁護する一方で、聖餐の第一義的目的は信仰者の交わりであることを出発点とした。聖餐は、霊的食事として食されるためにキリストによって制定された[49]。

151　記念という統合的概念の喪失の結果として、聖餐の犠牲的性格を表現するのに十分なカテゴリーを失うという困難にカトリック側は直面した。教父時代に遡る伝統にいたカトリック側は、この聖餐における犠牲とキリストの唯一の犠牲の同一性を主張しようと苦闘しながら、聖餐を真の犠牲とみなすことを放棄することは望まなかった。記念（アナムネーシス）の概念を再活性化するためには、第二バチカン公会議で明確にされたサクラメント神学と典礼神学の刷新が必要であった（*SC* 47; *LG* 3）。

152　ルーテル側とカトリック側とはエキュメニカルな対話の中で、典礼運動と新たな神学的洞察から、共に益を受けることができた。「アナムネーシス」という概念が取り戻されたことから、両者は記念としての聖餐のサクラメントが救いの出来事を、とりわけキリストの犠牲を、いかに効果的に現在化するかをいっそうよく理解するようになった。カトリック側は、み言葉におけるキリストの現臨や会衆におけるキリストの現臨など、聖餐の典礼におけるキリストの現臨の多様な形態を理解することができた（*SC* 7）。カトリック側は、言葉では言い表し得ない聖餐の神秘の光のもとで、サクラメントにおけるキリストの現実の現臨についての多様な信仰表現を再評価することを学んだ。ルーテル側は、聖餐の祝いの後に、聖別された物素を崇敬の念をもって取り扱う理由を新たに知るようになった。

聖餐に関するルーテル教会とローマ・カトリック教会の対話

153 主の晩餐におけるイエス・キリストの現臨の現実性という問題は、カトリック教会とルーテル教会の間では、論争事項ではない。聖餐に関するルーテル教会とローマ・カトリック教会の対話は、次のように指摘することができた。「ルター派の伝統は、聖別された物素は単にパンとぶどう酒のままであるのではなく、創造的な言葉の力によって、キリストの体と血として与えられるというカトリックの伝統を肯定する。この意味では、ルーテル教会は、ギリシア教会の伝統がそうしているように、時として『変化』という言い方をすることもできた」[50]（*Eucharist* 51）。カトリック側もルーテル側も、「現臨の空間的様式や自然的様式を拒否することでも、サクラメントは単なる記念や象徴であるという理解を拒否することでも、共通している」[51]（*Eucharist* 16）。

キリストの現実の現臨に関する共通理解

154　ルーテル側とカトリック側は共に、主の晩餐におけるイエス・キリストの現実の現臨を肯定する。「真の神であり真の人間であるイエス・キリストは、主の晩餐のサクラメントのうちに、パンとぶどう酒という徴のもとでその体と血において全面的にまた全体として現臨する」（*Eucharist* 16）。この共同声明文は、実体変化という概念用語を採用することなく、聖餐におけるイエス・キリストの現臨に対する信仰のあらゆる本質的要素を是認している。こうして、カトリック側とルーテル側は、「高挙された主は、その神性と人間性と共にお与えになられた体と血において、聖霊の力の中でパンとぶどう酒の賜物において約束の言葉を通して、主の晩餐のうちに、会衆全体に受け取られるべく現臨している」(52)と理解する。

155　イエス・キリストの現実の現臨の問題とその神学的理解とは、この現臨の持続性の問題と聖餐の祝いの後にもサクラメントに現臨するキリストへの礼拝の問題とも結び付いている。「聖餐における現臨の持続性に関連した相違は、典礼上の慣行にも現れる。カトリック教会とルーテル教会のキリスト者は共に、主イエス・キリストの聖餐における現臨は、信仰を伴う受領へと方向付けられているが、それにもかかわらずそれは受領の瞬間だけに限定されておらず、またどれだけ密接に信仰と関連しているとしても、受領者の信仰に左右されることはないと告白する」（*Eucharist* 52）。

156 『聖餐』（*Eucharist*）と題された文書は、聖餐の祝いの後に残された聖餐の物素を敬意を込めて取り扱うようにルーテル側に要請した。その文書は同時に、聖餐を礼拝する慣行は、「聖餐の食事としての性格に関する共通の確信と矛盾しない(53)」（*Eucharist* 55）ことに配慮するようカトリック側に注意を促した。

聖餐の犠牲の理解における収斂点

157 改革者たちにとって最も重要だった争点、すなわち聖餐の犠牲という争点に関して、カトリック側とルーテル側の対話は基本原理として次のように指摘した。「カトリック側とルーテル側のキリスト者は共に、主の晩餐においてイエス・キリストは『われわれの罪のために死なれ、われわれの義認のために復活された十字架の主として、世の罪のための一度限りの犠牲として、現臨される』。この犠牲は、継続されることも、繰り返されることも、置き換えられることも、補完されることもあり得ない。そうではなく、会衆のただ中で繰り返し新たに有効になることができるし、そうならねばならない。この有効性の性格と範囲については、われわれの間で解釈の相違がある」（*Eucharist* 56）。

158 「アナムネーシス」という概念は、一度限りで十分だったイエス・キリストの犠牲はどのように主の晩餐と正しい関係に置かれるのかという、論争の的だった問題を解決する助けになった。「礼拝の中で神の救いの行為が想起されることを通じて、こうした行為そのものが聖霊の力のうちに現臨するようになり、聖餐を祝っている会衆は、それ以前に救いの行為そのものを体験した人々に結び付けられる。これが、主の晩餐でのキリストの命令の意味である。救いを与えるキリストの死の告知の中で、キリストご自身の言葉の中で、また晩餐でのキリストご自身の行為の反復の中で、『想起』が行われ、そこでイエスの言葉と救いの業そのものが現臨するようになる[54]」。

159 決定的な成果は、「サクリフィチウム」（イエス・キリストの犠牲）と「サクラメントゥム」（サクラメント）の分離を克服することであった。もしイエス・キリストが主の晩餐に現実に現臨するなら、イエス・キリストの生涯、苦難、死、復活も、その体と共に真に現臨するので、主の晩餐は、「十字架の出来事を真に現在化することである[55]」。十字架の出来事の効力だけでなく、その出来事そのものが主の晩餐において現臨する。食事は十字架の出来事の反復や補完ではない。唯一の出来事が、サクラメントの様式の中に現臨する。しかし、聖なる食事の典礼形式は、十字架の犠牲の反復や補完という印象を与え得るいっさいのものを除外しなければならない。もし、真の想起としての主の晩餐の理解が一貫して真剣に受け取られているのなら、聖餐の犠牲に関する理解の相違は、カトリック側にとってもルーテル側にとっても、容認し得るものとなる。

二種陪餐と聖餐執行の職務

160　宗教改革の時代以来、信徒が杯を受けることは、ルーテル教会の礼拝での特徴的な慣行であった。このように、長い間にわたってこの慣行は、パン一種のもとでだけ信徒に聖餐を与えてきたカトリック教会の慣行から、ルーテル教会の主の晩餐を目に見える形で区別してきた。今日では、その原理は次のように指摘できる。「カトリック教会とルーテル教会は、パンとぶどう酒が聖餐の完全な形式に属しているという確信において一つである」（*Eucharist* 64）。しかし、主の晩餐の慣行には相違が残っている。

161　聖餐の祝いの司式者の問題は、エキュメニカルな視点から非常に重要なので、教会が任命した執行者の必要性は、対話が特定した重要な共通項である。「カトリック側とルーテル側のキリスト者は、聖餐の祝いは教会によって任命された執行者の主導性を要件としていると確信している」（*Eucharist* 65）。にもかかわらず、カトリック側とルーテル側は、奉仕者の職務の理解で依然として異なっている。

職務

全受洗者祭司性と按手を伴う職務に関するルターの理解

162 パウロは自分の使徒としての職務を祭司の務めと呼んでいるが（ローマ一五・16）、新約聖書では「ヒエレウス」（司祭、ラテン語では「サケルドス」）という言葉は、キリスト者の共同体における一つの職務を指すものではなかった。キリストは大祭司である。ルターは、信仰者とキリストの関係を「喜ばしい交換」と理解している。この交換では、信仰者はキリストの属性に与かり、そのことでキリストの祭司としての務めにも与かる。「キリストが生まれながらにこの二つの特権を得ていたように、妻が何であれ夫に帰属するものを所有する前述の結婚の法則に従って、キリストは、キリストを信じる誰にもそれを分け与え、共有される。それゆえ、キリストを信じるわれわれは、ペトロの手紙I二章（9

節）が『あなたがたは、選ばれた民、神のものとなった民、王の系統を引く祭司、祭司の王国です』と語っているように、すべてキリストにおいて祭司であり王である[56]」。「われわれはすべて、洗礼によって聖別された祭司である[57]」。

163 ルターの理解ではすべてのキリスト者が祭司であるとしても、ルターは、キリスト者はすべて牧師であるとは見ていない。「すべてのキリスト者が祭司であるのは事実であるが、すべての者が牧師であるわけではない。牧師であるためには、単にキリスト者であり祭司であるだけでなく、その人に委ねられた職務と働きの場とを持たねばならないからである。この召しと命令が牧師と説教者を作るのである[58]」。

164 すべてのキリスト者は祭司であるというルターの神学概念は、中世に広範に広まっていた社会秩序とは矛盾していた。グラティアヌス（一一五〇年頃没）によれば、キリスト者には聖職者と信徒の二種類があった[59]。共通の祭司性という教理によって、ルターはこの区別の根拠を廃止しようとした。キリスト者が祭司であるのは、キリストの祭司職に参与していることに由来している。男女のキリスト者は、民衆の関心事を祈りの中で神の前に携えていき、神の関心事を福音の伝達を通して他者にもたらすのである。

165 ルターは、聖職按手を受けた者の職務は、教会全体のための公の奉仕にあると理解した。牧師たちは「ミニストリ」（僕たち）である。この職務は、全受洗者祭司性と競合するのではなく、むしろ、すべてのキリスト者がお互いに祭司であることができるように、彼らに奉仕しているのである。

神による職務の設定

166 一五〇〇年以上にわたって、ルター派神学における討議事項の一つが、聖職按手を受けた者の職務は、神の制定によるのかそれとも人間の任命によるのか、という問題であった。しかし、ルターは「神が定め、説教とサクラメントで会衆を指導しなければならない牧師の職務」(60)という言い方をしている。ルターは、この職務はキリストの苦難と死に根ざしていると見ている。「キリスト者と呼ばれるのを望む信仰者は、霊的な身分は金銀によってではなく、神の独り子、われわれの主イエス・キリストの尊い血と苦い死でもって（Iペトロ一・18―19）、神によって定められ、制定されたことを熟知しているとわたしは希望するし、それどころかそう信じている。実にキリストの傷からサクラメントが流れ出る。……キリストは、人々がどこででも説教し、洗礼を授け、解き、つなぎ、サクラメントを与え、神の言葉で慰め、警告し、勧告し、牧師の職務に属することは何ごとでも行うこの職務を持つことができるように大きな犠牲を払われた。……わたしが考えている身分とは、むしろ、説教をし、み言葉とサクラメントの奉仕をし、霊と救いを与える職務を持つ者のことである」[61]。それゆえルターにとっては、神が奉仕の職務を定めたことは明らかであった。

167　誰も自らその職務に就くことはできない、とルターは信じていた。その人はその職務へと召しを受けていなければならない。一五三五年を皮切りに、ヴィッテンベルクで牧師按手が行われるようになった。按手は、候補者の教理と生活とが検証を受け、教会への召しがあった場合に行われた。しかし、按手は招聘をした教会ではなく、集中してヴィッテンベルクで行われた。按手は、教会全体の奉仕へと向けられた按手だったからである。

168　按手は、祈りと頭に手を置くことによって行われた。神が働き人を収穫のために派遣してくださるようにという冒頭の祈り（マタイ九・38）と聖霊を求める祈りとが明らかに示したように、按手で実際に行為しているのは神である。按手では、神の召しがその人全体を包んでいる。祈りが神に聞かれるという信頼と共に、出掛けよという訓令が、ペトロの手紙Ⅰ五章2節から4節の言葉で行われた。[62] 按手式の式文の一つには、「教会の職務はすべての教会にとって非常に大きく重要な事柄であり、神のみによって与えられ、維持される[63]」と言われている。

169 ルターによるサクラメントの定義は、中世に一般的であった定義よりも厳格であったので、またカトリックの叙階のサクラメントは主としてミサの犠牲という慣行に仕えるものであると考えたので、ルターは按手（叙階）をサクラメントと見るのを止めた。しかしながら、メランヒトン（一四九七―一五六〇年）は『アウグスブルク信仰告白弁証』の中で次のように述べていた。「もし按手がみ言葉の務めについてのものと理解されるならば、われわれは按手を聖礼典と呼ぶことに反対しないだろう。なぜならみ言葉の務めには神のご命令があり、大きな約束があるからである。ローマの信徒への手紙一章に福音は『信じるすべての人を救いに至らせる神の力である』（16節）とあり、同じくイザヤ書五五章に、『私の言葉は私の口から出て、むなしく私に帰らない。むしろ、その欲するところのことをする』（11節）とある。もし按手がこのように理解されるならば、手をおくことを聖礼典と呼ぶことをわれわれは反対しない。教会は、教師を立てるようにという命令を受けている。これはわれわれにとって最も意にかなうものたるべきである。われわれは、神がこの務めを認め、このうちに現臨されることを知っている」[64]。

司教の職務

170 司教たちが、宗教改革に共感を寄せた候補者たちに按手を行うのを拒んだので、改革者たちは長老(牧師)による按手を実行した。『アウグスブルク信仰告白』は第二八条で、司教たちが按手を拒んだことに抗議している。改革者たちはこのことから、司教による按手を保持するのか、それとも福音の真理であると信じたことに忠実であるのか、という二者択一を迫られた。

171 改革者たちは長老による按手を実践することができた。それは、ペトルス・ロンバルドゥス(一〇九五/一一〇〇−六〇年)の『命題集』から、教会法は主要な聖職位階の中で二つのサクラメントとしての職階、すなわち助祭職と長老(司祭)職しか認めておらず、中世に広範に広まっていた理解によれば、司教の聖別式はそれ自体ではサクラメントとしての性格を与えないことを学んでいたからである[65]。改革者たちは、新約聖書によれば長老と監督(司教)の職務は、監督(司教)が按手を行う資格を持っているという点を別にすれば、同じであると信じていたヒエロニュムスの手紙にはっきりと言及した。改革者たちが指摘したように、エウァンゲルスに宛てたこの手紙は、『グラティアヌス教会法令集』の中に受け入れられていた[66]。

172 ルターと改革者たちは、按手を受けた者の職務は一つしかないことを強調した。すなわち、福音の公的説教とサクラメント執行の職務であって、それはその性格からして公の出来事である。にもかかわらず、そもそもの初めから、その職務には区分があった。最初の視察から、指導監督の職務が生じてきた。それは、牧師たちを監督する特別な務めであった。一五三五年にフィリップ・メランヒトンは、「教会には、教会の職務に召された者たちを検証し、按手する統治者が必要であるので、教会法は、長老の教えを見守り、監督する。司教（監督）が一人もいない場合、司教を定めなければならない[67]」と書いた。

共通の祭司性と按手に関するカトリック教会の関心事

173 教会生活の中での、またそのための受洗者全員の尊厳と責任とは、中世後期には適切には強調されていなかった。第二バチカン公会議に至って初めて、教導職は神の民としての教会の神学を示し、「キリストのからだの建設に関する、すべての信者に共通の尊厳と働きについては、真実に平等である」（*LG* 32）と主張した。

174 この枠組みの中で、公会議は受洗者の祭司職という観念を発展させ、役務的祭司職との関係を考察した。カトリック神学では、叙階された役務者は、教会の名前でもキリストの名前でも行為する力をサクラメントによって与えられている。

175 カトリック神学は、司教の職務は教会の一致に不可欠な寄与をしていると確信している。カトリック教会は、対立がある場合に司教職なしでどうして教会の一致が維持されうるのかという問いを投げかけている。カトリック教会は、共通の祭司性というルター固有の教理は、神によって制定されたと見られている教会の位階構造を十分に保持しているのかという懸念も抱いてきた。

職務に関するルーテル教会とローマ・カトリック教会の対話

176 カトリック教会とルーテル教会の対話は、按手を伴う職務の神学と制度的形態に関して数多くの共通項と相違を特定することができた。相違の中には、今日では数多くのルーテル教会が実施している女性の聖職按手がある。依然として残っている問題の一つは、カトリック教会はルーテル教会の職制を認めることができるかどうか、という問題である。ルーテル教会とカトリック教会は共に、み言葉の宣教とサクラメントの執行に対する責任と、この働きのために按手を受けた者たちの職務との関係を解きほぐすことができる。両教会は共に、「エピスコペ」の務めとより地方的、また地域的な職務の区別を明らかにすることができる。

職務に関する共通の理解

受洗者の祭司性

177　按手を受けた者の務めの特殊性を、全受洗者の普遍的祭司性とどうしたら正しい関係の中に置くことができるのか、という問題が生じる。研究文書『教会の使徒性』は、「カトリック教会とルーテル教会は、キリストを信じる受洗者はすべてキリストの祭司性に与かっており、こうして、『あなたがたを暗闇の中から驚くべき光の中へと招き入れてくださった方の力ある業を広く伝える』（Ⅰペトロ二・9）ようにという委託を受けているという点で合意している。それゆえ、体全体の宣教の使命の中で、果たすべき役割を持たない構成員は一人もいない」と述べている（*ApC* 273）。

178 職務の神的源泉

按手を伴う職務の理解において、その神的源泉については共通の確信がある。「カトリック教会とルーテル教会は共に、神が職務を制定され、教会の存在のためにはその職務が必要であると主張する。イエス・キリストに対する信仰が生じ、維持され、それと同時に、教会が生まれ、信仰の一致のうちにキリストの体を作り上げる信仰者として維持されるためには、神の言葉と、み言葉とサクラメントによる公の宣教が必要だからである」（*ApC* 276）。

179 み言葉とサクラメントの職務

『教会の使徒性』は、ルーテル教会にとってもカトリック教会にとっても、按手を受けた役務者の根本的務めは福音の宣教だと特定している。「按手を受けた役務者は、全体としての教会の使命のうちで特別な務めを持っている」（*ApC* 274）。カトリック教会にとってもルーテル教会にとっても、「按手を伴う職務の根本的任務と目的は、三位一体の神が全世界に宣べ伝えるよう教会に委託した神の言葉、すなわちイエス・キリストの福音への公的奉仕である。どの職務もどの職務保持者も、この義務に照らして判断されねばならない」(*ApC* 274)。

180 福音を宣教するという役務者の務めに対するこの強調は、カトリック教会とルーテル教会に共通している(*ApC* 247, 255, 257, 274 参照)。カトリック教会は司祭職の起源を福音の宣教の中に位置づけている。『司祭の役務と生活に関する教令』は次のように述べている。「神の民は何よりもまず、生きた神のことばによって集められる。このみことばを、とくに司祭の口に期待するのは、至極当然のことである。まず信じなければだれも救われないのであるから、司教の協力者としての司祭の第一の職務は、神の福音をすべての人に告げ知らせることである」(*ApC* 247 に引用されている *PO* 4)。「カトリック教会は、神の言葉によって神の民を一つに集め、彼らが信じることができるようにそれをすべての人に宣べ伝えるのが、叙階を受けた役務者の務めである」(*ApC* 274)とも宣言する。同様に、「職務は、信仰の確かさが呼び起こされ、可能となるように説得力をもった仕方で会衆全体に福音を伝える任務の中にその根拠と基準とを持っている」(*ApC* 255)というのがルーテル教会の理解である。

181　ルーテル教会とカトリック教会は、按手を受けた指導者たちがサクラメントの執行に対する責任を負っていることでも合意している。ルーテル教会はこう述べる。「福音は、教会を統括する者たちに、福音を宣べ伝え、罪を赦し、サクラメントを執行する責務を委託している」(ApC 274)。カトリック教会も、司祭はサクラメントを執行する委託を受けていると宣言するが、カトリック教会はサクラメントが「感謝の祭儀《エウカリスチア》に固く結ばれ」、「あらゆる福音宣教の働きの源泉であり頂点である」(ApC 274 に引用されている PO 5) 聖餐に向けられていると考えている。[68]

182　『教会の使徒性』はさらに次のように指摘している。「長老と司教の職務上の機能の説明の類似性は、注目に値する。説教、典礼、指導性の三重の職務という同じ様式が司教にも長老にも使われ、具体的な教会生活の中で、それによって教会が築き上げられるこうした任務を通常行使するのは、まさに長老である。その一方、司教は教えを監督し、地域共同体の交わりに配慮する。しかし、長老は、司教に服し、司教との交わりの中で、その職務を行使する」(ApC 248)。

叙任按手式

183　この特別な職務への就任については、次のような共通項が存在している。「この職務への就任は、叙任按手式（叙階式）で行われる。その中でキリスト者は祈りと按手によって、言葉とサクラメントによる公的な福音の宣教の職務へと召しを受け、委託を受ける。その祈りは、祈りは聞かれるという確信の中でなされる聖霊と聖霊の賜物を求める嘆願である」（ApC 277）。

地方と地域での職務

184　ルーテル教会とカトリック教会は共に、「より地方的、より地域的な職務」への分化は、「信仰における一致の職務であるという職務の意向と務めから必然的に生じる」（ApC 279）と指摘することができる。ルーテル教会では、「エピスコペ」の務めは様々な形で理解されている。個々の教会を越えた職務を行使する者は、いくつかの場所では、「エフォルス」（ephorus）、「教会議長」（church president）、「監督」（superintendent）、「教区に対する牧師」（synodal pastor）など、「司教」（監督、bishop）とは別な名称で呼ばれている。ルーテル教会は、「エピスコペ」の職務は個人によるだけでなく、聖職按手を受けた者もそうでない者も一緒に参与する教会会議など、他の形態でも行使されると理解している。(69)

使徒性

185　カトリック教会とルーテル教会は、それぞれの職務構造が教会の使徒性を違った仕方で伝達すると理解しているが、「伝統（traditio）、継承（successio）、交わり（communio）の相互作用の中では、使徒的福音への忠実さが優先する」（*ApC* 291）ことに合意している。両教会は共に、「教会は、使徒的福音に対する忠実さを根拠に使徒的である」（*ApC* 292）ということで合意している。この合意は、「ローマ・カトリック教会では司教によって行われる監督の職務を行使する」個々人も、「それぞれの教会で教理の使徒性に対する特別な責任を担って」おり、それゆえ「カトリックの見解ではその合意が教理の使徒性の徴をなすところの人々の輪」（*ApC* 291）から排除されることはできない、というローマ・カトリック教会の認識に帰結した。

普遍的教会への奉仕

186　ルーテル教会もカトリック教会も、職務は普遍的教会への奉仕であるという点で合意している。ルーテル教会は「礼拝のために集まっている会衆は、普遍的教会との本質的関係の中に立って」おり、この関係は、礼拝をしている会衆にとって付随的な物ではなく、それに本来備わっている関係であることを前提にしている（*ApC* 285）。ローマ・カトリック教会の司教たちは、「自分に託された神の民の一部分に対してその司牧統治権を行使するのであって、他の部分教会や普遍教会に対してそれを行使するのではない」とはいえ、個々の司教は「普遍教会のために配慮するよう」（*LG* 23）義務づけられている。ローマ司教は、その職務からして「全教会の牧者」（*LG* 22）である。

職務を理解する際の相違

司教職

187　教会の職務の理解については、いくつかの重要な相違がまだ残っている。『教会の使徒性』が認めるとおり、カトリック教会にとっては、司教職は叙階を伴う職務の完全な形態であり、それゆえ、教会の職務の神学的解釈の出発点になっている。この文書は、『教会憲章』二一の次の指摘を引用している。「聖なる教会会議は、叙階の秘跡の充満は司教聖別によって授けられると教える。……司教聖別は、聖化の任務とともに、教える任務と統治する任務をも授ける。しかし教え、統治する任務はその本性から、司教団の頭《かしら》ならびにその成員たちの位階的交わりの中でしか行使できない」（*ApC* 243 に引用）。

188　第二バチカン公会議は、「司教が教会の牧者として、神の制定によって使徒たちの位置を継承した者であり、彼らに聞く人はキリストに聞き、彼らをさげすむ人は、キリストとキリストを派遣したかたをさげすむ者である」（*LG* 20）と再確認した。にもかかわらず、「個々の司教は、前任者たちを通じて使徒の一人に至る歴史的に証明できる中断のない按手の連鎖の一部であることによって、使徒継承のうちにいるのではなく」、むしろ「使徒団とその使命を全体として継承する司教団全体との交わりのうちにいる」（*ApC* 291）というのがカトリックの教理である。

189　司教職から始まる職務に関するこの視点は、司祭の職務に焦点を置いていたトリエント公会議からの力点移動を示し、使徒継承という主題の重要性を強調している。ただし『教会憲章』は、使徒継承の教理的・宣教的・実存的次元を否定することなく、この継承の職務的側面を強調する（*ApC* 240）。そのため、カトリック教会は地方教会を教区と同一視し、教会の本質的要素は、司教の人格に具現されたみ言葉、サクラメント、使徒的職務であると考える（*ApC* 284）。

司祭職

190 カトリック教会は、司祭のサクラメンタルなアイデンティティと、サクラメントとしての司祭職とキリストの祭司職との関係についての解釈において、ルーテル教会とは異なっている。カトリック教会は、司祭は「特別な方法でキリストの祭司職に参与する者とされ、聖なる祭儀の挙行において、われわれのためにご自分の霊を通して、ご自分の祭司の務めをいつも典礼において果たすかたの役務者として行動する」（*PO* 5）と主張する。

サクラメンタルな徴の完全性

191 カトリック教会からすれば、ルーテル教会の按手はサクラメンタルな徴としての完全性に欠けている。カトリックの教理では、「司教職における使徒継承の慣行と教理は三重の職務と共に、教会の完全な構造の一部である。この継承は、司教がカトリックの司教団に組み入れられ、それにより叙階の力を持つ際に団体的な仕方で実現される。それゆえ、ルーテル教会では按手を行う者がカトリックの司教団との交わりにおいて行為していないので、按手のサクラメンタルな徴が完全には現存しないというのも、カトリックの教理である。それゆえ、第二バチカン公会議は、こうした教会が『叙階の秘跡をもたない』(defectus sacramenti ordinis: *UR* 22) という言い方をしているのである」[70]（*ApC* 283）。

世界に広がる職務

192 最後に、カトリック教会とルーテル教会は、地域レベルを越えた職務と、役務および指導性の権威についても相違している。カトリック教会からすれば、ローマ司教は「教会の上に完全・最高・普遍の権能」（*LG* 22）を持っている。司教団も、「その頭であるローマ司教とともに、そして、決してこの頭抜きではなしに」（*LG* 22）普遍教会に対して最高・完全な力を行使する。『教会の使徒性』は、「個々の教会の水準を超えた指導的組織の権限とその決定の拘束力」（*ApC* 287）をめぐって、ルーテル教会にある様々な見解を指摘している。

考察

193 対話では、一六世紀初めの司教と長老の関係は、後に第二バチカン公会議が理解したようには理解されていなかった、としばしば指摘された。それゆえ、宗教改革時代の長老による按手は、その時期の状況を考慮して考察されねばならない。また、カトリック教会の職務保持者とルーテル教会の職務保持者の務めが、広い範囲で互いに対応していたことも重要な意味がある。

194 歴史の経緯の中で、ルーテル教会の職務は教会を真理のうちに保つという務めを成就することができるようになったので、宗教改革の開始からほぼ五〇〇年経って、義認の教理に関する基本的諸真理についてカトリック教会とルーテル教会の合意を宣言することができた。第二バチカン公会議の判断に従い、もし聖霊が「教会共同体」を救いの手段として用いるのなら、聖霊のこの働きかけは、職務の何らかの相互承認に影響を及ぼし得るとも考えられよう。このように、職務の問題は、共通の理解にとって大きな障害と共に、和解を期待することができる視点をも提示している(71)。

聖書と伝統

ルターの聖書理解、その解釈、人間による諸伝承

195 ルターの贖宥に関する九五箇条の提題が広がったこととの関連で勃発した論争は、論争に際してどちらの権威に依り頼むことができるのかという問題を直ぐさま引き起こした。教皇庁の神学者シルヴェステル・プリエリアス(一四五六/五七―一五二三年)は、贖宥に

関するルターの提題に対する最初の回答で、「誰であれ、聖書の力と権威もそれに由来している不可謬の信仰の基準としてのローマ教会と教皇の教えに固着しない者は、異端者である」[72]と論じた。また、ヨハン・エックはルターに「聖書は教会の権威がなければ真正なものではない」[73]と答えた。対立は、（贖宥、告解、赦免の正しい理解という）教理上の問いをめぐる論争から、教会における権威の問題へと急速に移動した。様々な権威の間の対立という事例では、ルターは聖書しか究極的な権威と見なすことはできなかった。聖書が、有効で強力な権威であることを自己確証していたのに対して、他の権威はその力を聖書から受けていたに過ぎなかったからである。

196　ルターは聖書をその上にあらゆる神学的発言が直接的にあるいは間接的に基づいていなければならない第一原理（primum principium）と見なした[74]。教授、説教者、魂の牧者、論争当事者として、ルターは一貫しているが錯綜した聖書の解釈として神学を実践した。ルターは、キリスト者と神学者は聖書に固着するだけでなく、聖書によって生き、聖書のうちに留まらねばならないと確信していた。ルターは聖書を「その中で神がわれわれを孕み、育み、産み出す神の母体[75]」と呼んだ。

197 ルターによれば、神学を学ぶ正しい方法は、祈り（oratio）、黙想（meditatio）、試練（tentatio）という三段階である。(76) われわれは聖霊に教え導いてくださることを求めつつ、神の前で、祈りの中で、聖書を読まねばならず、その一方で聖書の言葉を黙想し、聖書に記されていることとしばしば矛盾していると思われる生活の様々な状況に注意を向けなければならない。このプロセスを通じて、聖書はそうした苦境を克服することによって自らの権威を確証する。ルターが「聖書の強さはこのことである。すなわち、聖書はそれを学ぶ者に変えられるのではなく、それを愛する者を自らとその力へと変容することに注目しなさい(77)」と語った。体験がもとになっているこうした背景の中で、人間は聖書を解釈するだけでなく、聖書によって解釈されることが明らかになる。そして、そのことが聖書の力と権威を確証する。

198 聖書は神の啓示の証人である。それゆえ、神学者は聖書の中で神の啓示が表現されているその仕方（modus loquendi scripturae）を注意深く辿らねばならない。そうでなければ、神の啓示は完全には考察されることはないであろう。聖書の多様な声は、イエス・キリストを視野に入れることで一つの全体性へと統合される。「キリストを聖書から取り去るなら、あなたはそこにキリスト以外の何を見いだすのか(78)」。このように、「キリストを教え込むもの」（was Christum treibet）が、聖書正典の正典性とその限界の問題に取り組む際の基準である。それは、聖書自身から導き出された基準であり、いくつかの事例では、ヤコブの手紙のような特定の文書に批判的に適用された基準である。

199 ルター自身は稀にしか「聖書のみ」（sola scriptura）という言い方をしなかった。彼の主たる関心は、何ものも聖書以上の権威を主張することができないという点にあった。そして彼は、聖書の言葉を変えたり、取り替えたりする誰に対してもまた何に対しても、最大限の厳格さで向き合った。しかし、聖書のみの権威を断言する場合であっても、ルターは聖書だけを読んだのではなく、具体的な文脈との関連の中で、また、ルターの目では聖書の意向と意味を表現していた初代教会のキリスト論的告白と三一論的告白との関連で聖書を読んだ。ルターは、聖書の短い要約と見なした『小教理問答』と『大教理問答』を書くことを通して聖書を学び続け、教父とりわけアウグスティヌスとの関連で聖書解釈を実践した。また、それ以前の様々な解釈を大幅に活用し、人文主義の文献学が提供したあらゆる手段に依拠した。ルターは、当時とそれ以前の諸世代の神学概念とじかに論じ合いつつ、自分の聖書解釈を推し進めた。ルターの聖書の読み方は体験に基づいていて、一貫して信仰者の共同体の内部で実践されていた。

200 ルターによれば、聖書はあらゆる伝統に対立しているわけではなく、いわゆる人間による諸伝承だけに対立していた。人間による諸伝承について、ルターは次のように語っている。「われわれが人間の教理を非難するのは、人間がそれを語っていたからではなく、聖書に対立する嘘であり、冒瀆だからである。また、聖書も人間によって書かれたものであるが、人間のものでもなく、人間からでもなく、神からのものである」[79]。他の権威を評価する際にルターにとって決定的に重要だったことは、その権威が聖書を曖昧にするか、聖書の使信を納得させ、具体的な文脈の中で聖書を意味深いものにするかどうか、という点であった。聖書の外的明断さのゆえに、聖書の意味は特定されることができる。聖霊の力のゆえに、聖書は人間の心に聖書の真理と内的明断さを確信させることができる。この意味では、聖書が聖書自身の解釈者である。

聖書、諸伝承、権威に関するカトリック教会の関心事

201 伝承の識別と聖書を解釈する権威に関する新たな問いが持ち上がった時代に、トリエント公会議とその時代の神学者たちは、バランスの取れた回答を与えようとした。カトリ

ック教会の体験は、教会生活は聖書だけには還元できない多様な要素によって豊かにされ、規定されているという事実であった。トリエント公会議は、福音を受け渡す二つの手段として聖書と使徒に由来する書かれざる伝承とを取り上げた。このことは、使徒に由来する伝承と、価値があるにしても二次的で可変的な教会の伝承とを区別することを要請する。カトリック教会は、聖書の私的解釈に由来する教理上の結論が持つ危険の可能性にも憂慮した。トリエント公会議はこうしたことを考慮して、聖書の解釈は教会の教導権に導かれねばならないことを強調した。

202　メルチョル・カノ（一五〇九－六〇年）のようなカトリックの教師は、教会の教えの権威を評価するのは複雑であるという洞察を発展させた。カノは、一〇の神学的典拠(loci)、すなわち神学の源泉の体系を発展させ、聖書、口頭伝承、カトリック教会、教会会議、教父、スコラ神学者、自然の価値、学問の中で明らかにされる理性、哲学者たちの権威、歴史の権威を順次取り扱った。最後にカノは、こうした典拠、すなわち源泉が、スコラ学者の討議や神学論争でどのように使われ、適用されているかを検証した[80]。

203　しかし、その後の数世紀の間に、教導職を拘束力を持った解釈上の権威として、それ以外の神学的典拠から孤立させる傾向が生まれた。教会の伝承は時として使徒に由来する伝承と混同され、そのことでキリスト教信仰にとって等しい価値を持つ素材として扱われることになった。また、教会の伝承を批判する可能性を認めることには躊躇いもあった。第二バチカン公会議の神学は全体として見れば、教会における様々な権威や聖書と伝統の関係について、もっとバランスの取れた見方をしている。初めてのことだが、『神の啓示に関する教義憲章』一〇では、教導職の文書が、教会の教導職は「神のことばの上にあるのではなく、これに奉仕する」と断定している。

204 第二バチカン公会議が「神のことばには非常に大きな力と能力が内在しているので、教会には支えとも活力ともなり、教会の子らには信仰の力となり、霊魂にとっては糧、霊的生活にとっては純粋な尽きない泉となって現れる」[81]（*DV* 21）と指摘する際には、教会生活における聖書の役割が強く強調されている。それゆえ、信仰者は聖書を読むことを実践するよう勧告されているが、そこでは神が彼らに語りかけ、祈りがそれに伴っている（*DV* 25）。

205 エキュメニカルな対話は、ルーテル教会とカトリック教会とが、キリスト教信仰とは何を意味しているのか、またそれが教会生活をいかにして形成しているかを認識するプロセスの中で一つの役割を果たしている異なった基準や権威について、もっと分化された見解に到達する助けになっている。

聖書と伝統に関するカトリック教会とルーテル教会の対話

206 第二バチカン公会議の『神の啓示に関する教義憲章』公布の刺激になった聖書研究の刷新の結果として、聖書の役割と意義について新たなエキュメニカルな理解が可能になった。エキュメニカル文書としての『教会の使徒性』は次のように述べている。「このように、カトリックの教理は、宗教改革の神学が恐れ、どんな犠牲を払ってでも回避したいとしている事態、すなわち、正典文書であり拘束力を持つものとしての聖書の権威を、正典を知らしめる教会の位階制の権威に由来させることを主張しない」（*ApC* 400）。

207 対話の中でカトリック教会は、「テモテへの手紙Ⅱ三章17節で断言され、第二バチカン公会議（*DV* 21-25）で述べられたように、精神と心を形成する啓示された真理を伝える際の」（*ApC* 409）霊感を受けた聖書本文の有効性など、宗教改革と共通に抱いている確信を強調した。カトリック教会はさらにこう述べる。「この有効性は、個々の信仰者の中だけでなく、教会の伝統の中でも、つまり信仰の基準、信条、教会会議の教えのような高度な水準の教理的表現の中でも、公の礼拝の主要構造の中でも、時間を越えて教会において機能してきた。……聖書は伝統の中に存在してきたので、伝統は本質的な解釈上の役割を果たすことができる。第二バチカン公会議は、伝統は聖書を越えて新たな諸真理を引き起こすと語っているのではなく、伝統は聖書によって証言されている啓示の確かさを伝える、と語っているのである」(*ApC* 410)。

208 ルーテル教会の神学にとってエキュメニカルな対話の果実は、聖書の有効性は個人の中だけでなく、全体としての教会の中でも機能しているというカトリック教会の確信に対する開かれた姿勢である。それを示す証拠は、ルーテル教会における『一致信条書——ルーテル教会信条集』の役割の中にある。

聖書と伝統

209 それゆえ、今日では聖書と伝統の役割と意義とは、ローマ・カトリック教会の中では、ルターの神学上の論敵によって理解されたのとは違った形で理解されている。聖書の真正な解釈という問題については、カトリック教会は次のように説明してきた。「カトリックの教理が、『教会の判断』は聖書の真正な解釈の中で一つの役割を果たしていると主張するとき、教会の教導職に解釈をめぐる独占権を帰しているわけではない。それは、宗教改革の信奉者たちが正当にも恐れ、拒否している事態である。宗教改革以前には、主要な人物は教会の解釈者の多様性を指摘していた。……第二バチカン公会議が、教会が『最終的判断』（*DV* 12）をするという言い方をするときには、教導職は唯一の解釈機関であるという独占的主張を明確に避けている。そのことは、カトリックの聖書研究が一〇〇年にわたって公式に促進されてきた事実によっても、『神の啓示に関する教義憲章』一二で教導職の教えが成熟していく中で果たした釈義の役割を承認した事実によっても確認される」（*ApC* 407）。

210　このように、ルーテル教会とカトリック教会は共に、次のように結論づけることができる。「それゆえ、ルーテル教会とカトリック教会は聖書と伝統については大幅な一致があるので、相互に違った強調点は、それ自体で現在の教会の分離状態を維持することを要求しない。この領域では、和解された多様性の中に一致が存在している」[82]（*ApC* 448）。

前を見つめて――福音と教会

211　エキュメニカルな対話は、カトリック教会にマルティン・ルターの神学をより良く理解させたことに加えて、歴史的研究と神学的研究とともども、ルーテル教会にもカトリック教会にも、それぞれの教理、主要な合意点、依然として継続的対話が必要な争点などについて、よりよい相互理解を提供している。こうした議論では、教会が重要なテーマであった。

212　宗教改革の時には、論じられたテーマは教会の性格についてであった。主要な争点は、救いをもたらす神の行為と、み言葉とサクラメントにおいて神の恵みを受けると同時にそれを伝える教会との間の関係であった。福音と教会の関係は、ルーテル教会とローマ・カトリック教会の国際的な対話の第一段階のテーマであった。この『マルタ報告』とその後の数多くのエキュメニカルな文書が理由になって、今日ではルーテル教会とカトリック教会の立場をよりよく理解することができるし、共通の理解と今後いっそうの考察が必要な争点とを特定することができる。

ルーテル教会の伝統における教会

213　ルーテル教会の伝統の中では、教会は「聖徒の集まりであって、その中で福音が純粋に教えられ、聖礼典が正しく執行される」（CA VII）と理解されている。これは、霊的生活は説教壇と聖壇の周りに集められたその地の会衆の中にその中心がある、という意味である。ここには、普遍的教会の次元が含まれている。個々の会衆は、そのために教会の職務が定められている純粋な説教と正しいサクラメントの祝いによって、他の会衆と結び付いているからである。ルターが『大教理問答』で、教会は「聖霊が啓示し、宣べ伝える神の言葉によって、すべてのキリスト者を産む母である」と呼び、「……聖霊は最後の日に至るまで、聖なる共同体（Gemeine）と共に留まる。聖霊は教会を通してわれわれをキリストへと連れて行き、教会を使って神の言葉を教え、説教される[83]」と指摘したことを心に留めなければならない。

カトリック教会の伝統における教会

214　『教会憲章』にある第二バチカン公会議の教えは、カトリック教会の教会理解にとって本質的に重要である。公会議の司教たちは、救済史の内部における教会の役割をサクラメント性という枠組みで説明した。「教会はキリストにおけるいわば秘跡、すなわち神との親密な交わりと全人類一致のしるし、道具である」(*LG* 1)。

215 教会に関するこのサクラメンタルな理解を説明する基本概念は、神秘という観念の中に繰り返し現れ、教会の目に見える部分と見えない部分の間の不可分な関係を主張する。公会議の司教たちはこう教える。「唯一の仲介者キリストは、自分の聖なる教会、信仰、希望、愛の共同体を目に見える組織としてこの地上に設立し、これを絶え間なく支え、この教会によって、すべての人に真理と恵みを分け与える。位階制度によって組織された社会とキリストの神秘体、目に見える集団と霊的共同体、地上の教会と天上の善に飾られた教会は、二つのものとして考えられるべきではなく、人間的要素と神的要素を併せ持つ複雑な一つの実在を形成している」(*LG* 8)。

合意に向かって

216 ルーテル教会とローマ・カトリック教会との対話の中では、義認の教理と教会の教理とは一体であるという明確な合意が出現した。この共通理解は、『教会と義認』という文書の中で次のように述べられている。「カトリック教会とルーテル教会は共に、キリストにおいてのみ恵みのみによって授けられ、信仰によって受け取られる救いを証しする。両教会は共に信条を唱え、『一つの・聖なる・普遍の（公同の）・使徒的教会』を告白する。罪人の義認と教会とは根本的信仰箇条である」（*Church and Justification*, 4）。

217　『教会と義認』は更にこう述べる。「厳密で適切な言い方をすれば、われわれは義認と教会を信じているのではなく、われわれを憐れまれ、神の民としてわれわれを教会のうちに集めてくださる父、われわれを義とし、その体が教会であるキリスト、われわれを聖化し、教会に留まっておられる聖霊を信じているのである。われわれの信仰は、神に対する信仰においてのみ正しく受け取られ得る三位一体の神の業として義認と教会を包み込んでいる」（*Church and Justification*, 5）。

218　『教会と義認』という文書と『教会の使徒性』という文書は、カトリック教会とルーテル教会の間にあった一連の未解決な争点に重要な貢献をしたが、教会の可視性と不可視性の関係、普遍的教会と地方教会の関係、サクラメントとしての教会、教会生活におけるサクラメントしての叙階（聖職按手）の必要性、司教の聖別のサクラメンタルな特質について、エキュメニカルな対話が更に必要である。将来の対話は、この二つの文書と他の重要な文書ですでに成し遂げられた重要な成果を考慮に入れねばならない。カトリック教会とルーテル教会は、「一つの・聖なる・普遍の（公同の）・使徒的教会」への信仰を共に告白するのを一度たりともやめたことがないので、これはなおのこと緊急な課題である。

第五章　共同の記念に召されて

洗礼――一致と共同の記念の基礎

219　教会はキリストの体である。ただ一人のキリストがおられるように、キリストにはただ一つの体しかない。洗礼によって、人間はこの体の一員とされる。

220　第二バチカン公会議は、洗礼を受け、キリストを信じているが、ローマ・カトリック教会に所属していない人々は、「信仰によって洗礼において義とされ……キリストに合体され、それゆえに正当にキリスト信者の名を受けているのであり、カトリック教会の子らから主における兄弟として当然認められるのである」(84)（*UR* 1.3）と教えている。ルーテル教会のキリスト者も、カトリックの同僚のキリスト者について、同じことを語る。

221　カトリック教会もルーテル教会も、その肢体としてキリストの体において相互に結び付けられているので、コリントの信徒への手紙Ｉ一二章26節で「一つの部分が苦しめば、すべての部分が共に苦しみ、一つの部分が尊ばれれば、すべての部分が共に喜ぶのです」とパウロが語っていることが、彼らについても言える。体の一部に影響を与えるものは、他のすべての部分にも影響を与える。この理由から、ルーテル教会のキリスト者は、彼らの教会の形成に通じた出来事を想起する際には、カトリックの同僚のキリスト者抜きでそうすることを望まない。お互いに宗教改革の開始を想起する際には、彼らは自分の洗礼を真剣に受けとめている。

222　どちらのキリスト者も、キリストの一つの体に属していると信じているので、ルーテル教会は、自分の教会が宗教改革に起源があったとか、五〇〇年前に初めて存在するようになったなどと強調することはしない。むしろ、ルーテル教会はペンテコステの出来事と使徒たちの宣教に起源があると彼らは信じている。改革者たちの教会の具体的な形態は、改革者たちの教えと努力を通して獲得された。改革者たちは新しい教会を形成しようという願いは持っていなかったし、彼ら自身の理解によれば、彼らはそうしなかった。彼らは教会を改革しようと望んだのであって、過ちや失策もあったとはいえ、彼らの影響力の範囲内でそれを成し遂げた。

記念への備え

223 一つの体の一員として、カトリック教会とルーテル教会は、依然として共に一つの体に属してはいたものの、それ以後分離された共同体に生きることになった現実に至った、宗教改革の出来事を共に想起する。それは、不可能な可能性であり、大きな痛みの原因である。共に一つの体に属しているので、カトリック教会もルーテル教会も、分離状態の中で教会の完全な普遍性に向かって苦闘している。この苦闘には二つの側面がある。共通で両者を結び付けているものの認識と、分離しているものの認識である。前者は感謝と喜びの理由であり、後者は痛みと嘆きの理由である。

224 二〇一七年に宗教改革の開始五〇〇周年を祝うときには、ルーテル教会のキリスト者は、そのことで西方教会の分離を祝うのではない。神学的な責任を自覚する者は誰であれ、キリスト者相互の分離を祝うことはできない。

福音の喜びを共有する

225　ルーテル教会は、ルターと改革者たちが彼らに与えてくれたものに心から感謝している。すなわち、イエス・キリストの福音とイエス・キリストに対する信仰の理解。恵みによってご自身を人間に与え、神の約束に対する完全な信仰のみにおいて受け取ることができる三位一体の神の秘義に対する洞察。福音が創造する自由と確かさへの洞察。信仰に由来し、信仰によって呼び覚まされる愛と信仰がもたらす生死における希望への洞察。信仰に命を吹き込む聖書、教理問答、賛美歌に生き生きと触れることである。こうしたものに対する想起とそれを今祝うことは、これらに感謝する更なる理由となるであろう。この感謝が、ルーテル教会のキリスト者に二〇一七年を祝いたいと願わせる理由である。

226　ルーテル教会は、自分たちが神に感謝しているものは、自分たちのためだけに要求できる賜物ではないことも認識している。ルーテル教会は、この賜物を他のすべてのキリスト者と共に分かち合いたいと願っている。この理由から、ルーテル教会はすべてのキリスト者が共に祝ってくれるよう招いている。直前の章が示したように、カトリック教会とルーテル教会は、信仰の多くを共通にしているので、とりわけ宗教改革の記念日には共に喜ぶことができるし、実際共に喜ばねばならない。

227 このことは、第二バチカン公会議が表明した推進力を引き受けることになる。「カトリック信者は、分かれた兄弟たちの間に見いだされるもので、共通の遺産から生じた真にキリスト教的な富を喜んで認め尊重しなければならない。時には血を流すまでキリストのためにあかしを立てる他の人々の生活の中に、キリストの富と徳のわざを認めることは正しくよいことである。神はつねに感嘆すべきかたであり、そのみわざのためにたたえられるべきかただからである」(*UR* 1. 4)。

悔い、嘆く理由

228 二〇一七年の記念は、喜びと感謝を表明すると共に、ルーテル教会にとってもカトリック教会にとっても、想起されようとしている人物や出来事にある失敗や過ち、罪責と罪に対する痛みを感じる機会ともしなければならない。

229 この機会に、ルーテル教会はマルティン・ルターがユダヤ人に対して行った悪質で侮辱的な発言も想起するであろう。ルーテル教会はそうした発言を恥じており、深く嘆いている。ルーテル教会はルーテル教会当局による再洗礼派の迫害と、マルティン・ルターとフィリップ・メランヒトンがこの迫害を神学的に擁護した事実とを深い後悔の念をもって認識するようになった。ルーテル教会は、農民戦争の間にルターが農民に対して行った激しい攻撃も嘆かわしく思っている。ルターと宗教改革の暗部に対する認識は、ルターとヴィッテンベルクの宗教改革に対するルター派神学者たちの批判的態度と自己批判を引き起こしてきた。ルーテル教会は、教皇制に対するルターの批判の一部には同意するが、今日、教皇を反キリストと同一視するルターの姿勢は拒否する。

一致を求める祈り

230 死の直前にイエス・キリストが「彼らも一つになるためです」と祈られたので、キリストの体の分離が主の意志に逆らうものであることは明らかである。キリストの体の分離は、エフェソの信徒への手紙四章3節から6節でわれわれが聞く使徒の明確な勧告にも矛盾している。「平和のきずなで結ばれて、霊による一致を保つように努めなさい。体は一つ、霊は一つです。それは、あなたがたが、一つの希望にあずかるようにと招かれているのと同じです。主は一人、信仰は一つ、洗礼は一つ、すべてのものの父である神は唯一であって、すべてのものの上にあり、すべてのものを通して働き、すべてのものの内におられます」。キリストの体の分離は神の意志に逆らっている。

過去を評価する

231　この視点から一六世紀の神学論争と出来事を共に想起する際、カトリック教会とルーテル教会は一六世紀の状況を考慮しなければならない。一六世紀の出来事の中には、彼らにはどうすることもできないものがあったので、カトリック教会とルーテル教会は、起こっていたすべての事の責任を問われることはあり得ない。一六世紀には神学的信念と権力政治とはしばしば相互に入り組んでいた。多くの政治家が自分の目的を達成するために、純粋な神学的な思想を使うことも多かったし、また多くの神学者が政治的手段で自分の神学的判断を推進した。多数の要素が組み合わさったこうした複雑な状況では、具体的な行為の影響について、特定の個々人に責任を帰したり、そうした個々人を悪者呼ばわりするのは難しい。

232　一六世紀のいくつもの分裂は、キリスト教信仰の真理の理解の相違に根ざしていて、救いが危機に瀕していると見られていたので、とりわけ論争的であった。どちらの側でも、人々は神学的信念を抱いていたし、それを放棄することができなかった。良心が神の言葉によって形成され、他の人々との真剣な討議の後にその判断に到達していたとしたら、誰もその人を良心に従った故に非難することはできない。

233　しかし、世論の支持を得ようとする闘いで、神学者たちが自分の神学的信念を提示する仕方は、まったく別問題である。一六世紀には、カトリック教会もルーテル教会も相手を誤解しただけでなく、相違を誇張し、論敵が愚か者に見えるようにしようと相手を戯画化することも多かった。両教会は、隣人に対する偽証を禁じた第八戒に繰り返し違反した。論敵が時に相互に知的に公正であるときにも、相手に耳を傾け、相手の関心事を真剣に受けとめようとする意志は不十分であった。論争家たちは、自分たちが共通に保持しているものを探すことで解決を目指すことよりも、しばしば意図的に対立を煽ることによって、論敵を反駁し、打倒しようとした。論争相手を特徴づける際には、偏見と誤解とが大きな役割を果たしていた。対立が醸し出され、次の世代へと受け継がれた。ここでは、どちらの側にも論争が行われた手法を悔い、嘆かねばならない理由に事欠かない。ルーテル教会とカトリック教会は、五〇〇年前の出来事を想起する際に公然と告白される必要がある罪責を負っている。

一致に反してカトリック教会が犯した罪の告白

234 一五二二年一一月二五日にニュルンベルクで開かれた帝国議会に宛てた教書の中で、教皇ハドリアヌス（在位一五二二―一五二三年）はすでに、教会当局が犯していた限りでの誤用、違反、罪、誤謬について不満の意を述べていた。ずっと後のことになるが、二〇世紀になって教皇パウロ六世（在位一九六三―七八年）は、第二バチカン公会議の第二会期に行われた開会演説で、神と東方の「兄弟たち」に赦しを求めた。教皇のこの姿勢は公会議自体の中で、とりわけ『エキュメニズムに関する教令』(85)と『キリスト教以外の諸宗教に対する教会の態度についての宣言』(86)（*Nostra Aetate*）の中で表明されていた。

235 教皇ヨハネ・パウロ二世は四旬節の「赦しの日」の説教の中で、同じように罪責を認め、二〇〇〇年の聖年の行事の一部として、赦しを求める祈りを捧げた(87)。ヨハネ・パウロ二世は、苦痛に満ちた記憶について単に先の教皇パウロ六世と公会議の司教たちの悔悟の念を繰り返しただけでなく、実際にそれを行動に表した最初の教皇であった。ヨハネ・パウロ二世は、ローマ司教座の職務への赦しも要請した。回勅『キリスト者の一致』（*Ut Unum Sint*）の中で、一九八四年六月一二日にジュネーブに世界教会協議会を訪れたことに言及し、「カトリック教会が確信しているのは、使徒からの伝統と教父たちの信仰に忠実に従って、ローマの司教の役務を、また、これによって目に見える一致のしるしと保証を守り伝えているということです。この確信は、他の多くのキリスト者たちには何か納得しがたいことであり、過去の幾つかの苦い思い出もこの人々の心に刻まれています」と認め、こう付け加えた。「こうしたことの原因となっている限りでは、先のパウロ六世とともに、わたしもゆるしを願っています[88]」。

一致に反してルーテル教会が犯した罪の告白

236 一九七〇年にエヴィアンで開かれた第五回総会で、ルーテル世界連盟は、ヨハネス・ウィレブランズ枢機卿の非常に感動的な演説に対する応答として、「われわれは、ルーテルのキリスト者および教会として、ローマ・カトリック教会とその神学に対する改革者たちの判断は、論争的歪曲から完全には自由になっておらず、その歪曲は部分的には今日まで存続させられてきたことに目を向ける用意がある。われわれは、こうした論争的要素がわれわれのローマ・カトリック教会の兄弟たちに与えた躓きや誤解について深い遺憾の念を感じている。われわれは、その中でパウロ六世がローマ・カトリック教会によって引き起こされたどんな躓きにも謝罪の願いを伝えた、第二バチカン公会議に向けた言明を、感謝をもって想起する。われわれがすべてのキリスト者と共に、われわれの主が教えてくださった祈りの中で赦しを求めて祈る際には、われわれはすべての会話の中で、明晰で、誠実で、愛に満ちた言葉遣いをするように努めることにしようではないか[89]」と宣言した。

237　ルーテル教会は、他のキリスト教の伝統に関しても誤った態度をとったことを告白した。二〇一〇年にシュトゥットガルトで開かれた第一一回総会で、ルーテル世界連盟はこう宣言した。ルーテル教会は「ルーテル教会当局が再洗礼派を迫害したことについて、とりわけルター派神学者たちがこの迫害を神学的に擁護した事実について、深い悔悟と痛みの念で一杯である。それゆえ、ルーテル世界連盟は……深い悔悟と悲しみの念を公式に表明したいと願っている。イエス・キリストにおいて世界をご自身に和解させてくださった神に信頼しつつ、われわれは、一六世紀にわれわれの父祖たちが再洗礼派に与えた傷の故に、またそれ以来、今日までの諸世紀の間にそれを忘れたり、無視したりしたことの故に、また、ルター派の著作家たちが、再洗礼派とメノナイト派について今日に至るまで、大衆向けの文書の中でも研究書の中でも行った不適切で、誤解を招き、傷つける描写の故に、神とメノナイトの姉妹や兄弟からの赦しをお願いする[90]」。

第六章　五つのエキュメニカルな責務

238　カトリック教会とルーテル教会は、両教会の信徒と彼らがその中で信仰生活を送っている信仰共同体は、キリストの一つの体に属していることを認める。一六世紀の闘いは終わったという認識が、ルーテル教会の上にもカトリック教会の上にも明け初めている。それぞれの信仰に対する相互の断罪の理由はすでに取り除かれている。それゆえ、ルーテル教会とカトリック教会は、二〇一七年を共同で記念する際の次のような五つの責務を確認したい。

239　ルーテル教会とカトリック教会は、キリストの体における一致という視点から物事を考えるようにと、またこの一致を表現し、キリストの体の共同体に仕えるものは何ごとであれ尋ね求めるようにと招かれている。両教会は洗礼を通して相互をキリスト者として認識する。この方向性は、心の絶えざる回心を要請する。

第一の責務。カトリック教会とルーテル教会は、相違を見る方が容易く、また相違を経験することの方が容易であっても、共通に保持しているものを強化するために、分裂という視点からではなく、常に一致という視点から始めなくてはならない。

240 カトリック教会とルーテル教会は、歴史の経緯の中で相互に対立して自らの信仰告白を定義してきた。そのために、両教会は、例えば権威の問題といった特定の問題と取り組む際に、今日まで続いたそれぞれの一面性に苦しんできた。こうした問題は相互の対立に起源があったので、両教会の交わりを深め、強める共通の努力によって初めて解決され得るし、少なくとも取り組むことができる。カトリック教会とルーテル教会は、相互の体験、激励、批判を必要としている。

第二の責務。ルーテル教会とカトリック教会は、相手との出会いと双方の信仰の証しとによって、絶えず自分自身が変容させられねばならない。

241 カトリック教会とルーテル教会は、対話を通じて多くのことを学び、両者の交わりは違った形態や程度を持ちうるという事実を評価するようになった。二〇一七年については、努力を新たにしなければならない。すでに達成されたことに対する感謝の念をもって。道は思った以上に長いかもしれないので忍耐と粘り強さをもって。現状に満足するのを許さない熱意をもって。違いがあり対立があるときにも相互の愛をもって。聖霊に対する信仰をもって。聖霊が父に対するイエスの祈りを成就されるという期待をもって。またそれが実現されるよう熱心な祈りをもって。

第三の責務。カトリック教会とルーテル教会は、目に見える一致を求め、具体的な歩みの中で目に見える一致が何を意味するかを共に練り上げ、繰り返しこの目標に向かって前進することに改めて努力しなければならない。

242 カトリック教会とルーテル教会は、教会のメンバーに対して改めてそれまでのそれぞれの教会の伝統と共に、福音とキリスト教信仰の理解についても新たな視野を開いていくという課題を持っている。そこでのチャレンジは、伝統を再解釈するにあたり、再び古い教派的対立に落ち込むことをしないことである。

第四の責務。ルーテル教会とカトリック教会は、現代にとってイエス・キリストの福音が持つ力を共に再発見するようにしなければならない。

243　教会の一致のためのエキュメニカルな取り組みは、教会だけに奉仕するのではなく、世が信じるようになるために世にも奉仕する。エキュメニズムの宣教上の課題は、われわれの社会が宗教に関して多元的になればなるほど、大きなものとなろう。ここでも、再考と悔い改め（メタノイア）が要請されている。

第五の責務。カトリック教会とルーテル教会は、世に対する宣教と奉仕の中で、神の憐れみを共に証ししなければならない。

244　エキュメニカルな旅路は、ルーテル教会とカトリック教会が、神の憐れみでもある神の義の福音に対するマルティン・ルターの洞察とその霊的体験を共に評価するのを可能にした。ルターは『ラテン語著作全集』（一五四五年）の序文で、「神の憐れみによって、昼も夜も黙想にふけり」、ローマの信徒への手紙一章17節に対する新たな理解を得るようになったと次のように指摘した。「ここで私は、全く生まれかわらされ、開かれた門を通ってパラダイスそのもののなかへ入れられたように感じた。ここにおいて、聖書全体のもつ他の面が、ただちに明らかになった。……その後、アウグスティヌスの『霊と文字』を読んだが、そこでは予期に反してアウグスティヌス自身も、神を同じように解釈して、神の義とは神が私たちを義とされるとき、私たちに着せてくださるものとしていることに気づいた[91]」。

245 ルーテル教会とカトリック教会が共にイエス・キリストの福音を聞き、主との交わりの中に新たに招き入れていただくときに、宗教改革の始まりは正しく想起されることになろう。その時には、両教会は『義認の教理に関する共同宣言』が次のように指摘する共通の使命の中で一つに結び付けられることになろう。「ルーテル側とカトリック側とはキリストを告白するという目標を共有している。そのキリストとは、聖霊において神がご自身を与え、また新たにされる賜物を注がれる唯一の仲保者（Ⅰテモテ二・5－6）として、すべてのものにまさって信頼されるべきお方である」（*JDDJ* 18）。

注

序

(1) Roman Catholic/Lutheran Joint Commission, »All Under One Christ: Statement on the Augsburg Confession 1980,« in Harding Meyer and Lucas Visher (eds.), *Growth in Agreement I: Reports and Agreed Statements of Ecumenical Conversations on a World Level*, 1972-1982 (Geneva: World Council of Churches, 1984), 241-47.

(2) Roman Catholic/Lutheran Joint Commission, »Martin Luther: Witness to Jesus Christ« I. 1, in Jeffrey Gros, FSC, Harding Meyer and William G. Rusch (eds), *Growth in Agreement II: Reports and Agreed Statements of Ecumenical Conversations on a World Level*, 1982-1998 (Geneva: WCC Publications, 2000), 438.

第二章

(3) Karl Lehmann and Wolfhart Pannenberg (eds.), *Condemnations of the Reformation Era: Do They Still Divide?* tr. Margaret Kohl (Minneapolis, MN: Fortress Press, 1990).

（4）The Lutheran World Federation and the Roman Catholic Church, *Joint Declaration on the Doctrine of Justification* (Grand Rapids, Michigan/Cambridge, U. K.: William B. Eerdmans, 2000). もともとは *Gemeinsame Erklärung zur Rechtfertigungslehre* (Frankfurt am Main: Verlag Otto Lembeck/Paderborn: Bonifatius-Verlag, 1999) として出版された。邦訳、ローマ・カトリック教会／ルーテル世界連盟『義認の教理に関する共同宣言』ルーテル／ローマ・カトリック共同委員会訳、教文館、二〇〇四年。

（5）H. George Anderson, T. Austin Murphy, Joseph A. Burgess (eds.), *Justification by Faith,* Lutherans and Catholics in Dialogue VII (Minneapolis, MN: Augsburg Publishing House, 1985).

（6）『エキュメニズムに関する教令』: *Unitatis Redintegratio* [= *UR*]3.

（7）Jan Willebrands, »Lecture to the 5th Assembly of the Lutheran World Federation, on July 15, 1970,« in *La Documentation Catholique* (6 September 1970), 766; John Paul II, »Letter to Cardinal Willebrands for the Fifth Centenary of the Birth of Martin Luther,« in *Information Service*, no. 52 (1983/II), 83-84.

（8）Benedict XVI, »Address,« Meeting with the Council of the Evangelical Church in Germany, September 23, 2011, at www.vatican.va/holy_father/benedict_xvi/speeches/2011/September/documents/hf_ben-xvi_spe_20110923_evangelical-churcherfurt_en.html; 訳文を改変した。

第三章

（9）コンスタンツ公会議、第三会期（一五一五年三月二六日）。

（10）The Lutheran World Federation and Pontifical Council for Promoting Christian Unity, *The Apostolicity of the Church: Study Document of the Lutheran-Roman Catholic Commission on Unity* (Minneapolis, MN: Lutheran University Press, 2006), 92, n. 8. [=*ApC*]. を参照。

（11）Martin Luther, »Explanations of the Ninety-Five Theses,« tr. Carl W. Folkemer, in Helmut T. Lehmann and Jaroslav Pelikan (eds.), *Luther's Works*, American Edition, 55 vols, (Philadelphia and St. Louis, 1955-1986), 31: 250 [= *LW*]; *WA* 1, 62, 27-31.

（12）Luther, »To the Christian Nobility of the German Nation concerning the Reform of the Chrisitan Estate,« tr. Charles M. Jacobs, rev. James Atkinson, in *LW* 44: 127; *WA* 6, 407, 1.

（13）レオ一〇世『クム・ポストクァム（一五一八年一一月九日）』: *Cum postquam, DH* 1448, cf. 1467 and 2641.

（14）Peter Fabisch and Erwin Iserloh (eds.), *Exsurge Domine in Dokumente zur Causa*

Lutheri (*1517-1521*), vol. 2 (Münster: Aschendorffsche, 1991), 366;『エクススルジェ・ドミネ』: *Exsurge Domine*, *DH* 1451-1492, www.ewtn.com/library/papaldoc/l10exdom.htm も参照。

(15) Ibid., 368.

(16) Luther, »Luther at the Diet of Worms,« tr. Roger A. Hornsby, in *LW* 32: 112-3. Word の代わりに »Words« としたことについて、*WA* 7, 838, 7 参照；»I cannot do otherwise, here I stand« (cf. *WA* 7, 838, 9) を削除したことについて、113, n. 2:「こうした発言はこの翻訳が依拠しているラテン語本文にドイツ語で記されている」が、ルターがそれを言わなかったという「確かな証拠資料がある」参照。

(17) Fritz Reuter (ed.), *Der Reichstag zu Worms von 1521: Reichspolitik und Luthersache*, vol. 2 (Köln and Wien: Böhlau, 1981), 226–29; *LW* 32, 114–15, n. 9 も参照。

(18) »The Augsburg Confession,« Latin text, in Robert Kolb and Timothy J. Wengert (eds.), *The Book of Concord: The Confessions of the Evangelical Lutheran Church* (Minneapolis, MN: Fortress, 2000), 59.

(19) Ibid.

(20) トリエント公会議、第四会期（一五四六年四月八日）『聖書正典に関する教令』。

(21) 同。

（22）同『聖書の版と使用に関する教令』。
（23）トリエント公会議、第六会期（一五四七年一月一三日）、第七章。
（24）同。
（25）同、第八章。
（26）同、第一四－第一五章。
（27）同、第一六章。
（28）トリエント公会議、第七会期（一五四七年三月三日）、序文。
（29）トリエント公会議、第二一会期（一五六二年七月一六日）、第三章第二条。
（30）トリエント公会議、第二二会期（一五六二年九月一七日）、第二章第三条。
（31）トリエント公会議、第二三会期（一五六三年七月一五日）、第三、第四章。

第四章

（32）Luther, »Letter to John Lang, Wittenberg, May 18, 1517,« tr. Gottfried Krodel, in *LW* 48: 44; *WAB* 1: 99, 8.
（33）Luther, »Heidelberg Disputation,« tr. Harold J. Grimm, in *LW* 31: 39; *WA* 1: 353, 14.
（34）*WA TR* 1: 245, 12.
（35）Luther, »Letter to Elector John Frederick, March 25, 1545,« Heiko Obermann,

Luther: Man between God and the Devil, tr. Eileen Walliser-Schwarzbart（New Haven & London: Yale University Press, 1989), 152にある引用；*WAB* 11; 67, 7f.

（36）「人事を尽くしている者には、神はその恵みを控えることはない」。

（37）*WA* 40/II; 229, 15.

（38）Luther, »Disputation against Scholastic Theology（1517),« tr. Harold J. Grimm, *LW* 31: 13; *WA* 1, 227, 17-18.

（39）Luther, »The Small Catechism,« in *BC*, 351-54.

（40）トリエント公会議、第六会期（一五四七年一月一三日）、第一条。

（41）Luther, »Smalcald Articles,« in *BC*, 301.

（42）*WA* 39/I; 205, 2-3.

（43）*JDDJ*, op. cit.（注4）。

（44）Ibid., 45.

（45）*JDDJ*, Annex 2C, »The Formula of Concord, Solid Declaration,« II, 64f. in *BC*, 556の引用。

（46）第四ラテラノ公会議、ラテラノ信条（一二一五年）、*DH* 802.

（47）ルターは、聖別された聖餐の物素と礼拝後に残った物素とを混ぜないよう、ルター派牧師のシモン・ヴォルフェリヌスに指示した。ルターは、ヴォルフェリヌスにこう命じた。「われわれがここで（つまり、ヴィッテンベルクで）しているように、つまり、サクラメントの残余を陪餐者と共に食べ、飲むように。それは、サクラメントの行為がいつ終わるのか、という躓きを与える危険な問いが生じる必要がないためである」（*WAB* 10, 348f.）。

（48）トリエント公会議、第一三会期（一五五一年一〇月一一日）、第四章。

（49）同、第二章。

（50）»Apology of the Augsburg Confession« X, in *BC* 184-85 参照。

（51）*Growth in Agreement I*, 190-214.

（52）*Condemnations of the Reformation Era*, 115, op. cit.（注3）。

（53）英語の翻訳はこの文章を混同している。H. Meyer, H. J. Urban and L. Vischer (eds.), *Dokumente wachsender Übereinstimmung: Sämtliche Berichte und Konsenstexte interkonfessioneller Gespräche auf Weltebene 1931-1982* (Paderborn: Bonifatius and Frankfurt: Lembeck, 1983), 287 にあるドイツ語原文を見ること。

（54）*Condemnations of the Reformation Era*, 3. II. 1. 2, 86, op. cit.（注3）。

（55）Ibid., 3. II. 1. 4, 88.

（56）Luther, »Freedom of a Christian,« tr. W. A. Lambert, rev. Harold J. Grimm, in *LW* 31: 354; *WA* 7; 56, 35-57, 1.

(57) Luther, »Christian Nobility,« in *LW* 44: 127; *WA* 6; 407, 22f.

(58) Luther, »Psalm 82,« tr. C. M. Jacobs, in *LW* 44: 127; *WA* 31/1; 211, 17-20.

(59) Gratian, *Decr.* 2. 12. 1. 7.

(60) Luther, »To the Christian Nobility,« tr. C. M. Jacobs, rev. J. Atkinson, in *LW* 44, *WA* 6; 441, 24f.

(61) Luther, »A Sermon on Keeping Christian in School,« tr. Charles M. Jacobs, rev. Robert C. Schulz, in *LW* 46: 219-20; *WA* 30/2; 256, 34; 527, 14-21; 528, 18f., 25-27.

(62) Wittenberger Ordinationszeugnisse, in *WA Br* 12, 447-85 参照。

(63) *WA* 38: 432, 21-25.

(64) Apology XIII, »On the Number and Use of the Sacraments« 7, in *BC*, 220.

(65) Peter Lombard, *Sent.* IV, dist. 24, cap. 12.

(66) フィリップ・メランヒトンは、»De Potestate et Primatu papae tractatus,« in *BC*, 340 の中でヒエロニュムスの手紙を引用している。また、*WA* 2; 230, 17-9; Jerome, »Letter 146 to Evangelus,« in J.-P. Migne (ed.), *Patrologia Latina* XXII (Paris, 1845), 1192-95; »Decretum Gratiani,« pars 1, dist. 93, in E. Friedberg (ed.), *Corpus Iuris Canonici* (Graz, 1955), 327-29 も参照。

(67) Philip Melanchthon, »Consilium de moderandis controversiis religionis,« in C. G.

Bretschneider（ed.）, *Corpus Reformatorum*, vol. II（Halle: C. A. Schwetschke, 1895）, 745f.; 1535.

（68）Melanchthon, Treatise on the Power and Primacy of the Pope, *BC*, 340: *BSLK*, 489, 30-35を引用。

（69）二〇〇七年、ルーテル世界連盟は、»Episcopal Ministry within the Apostolicity of the Church: The Lund Statement by the Lutheran World Federation–A Communion of Churches«を採択。「拘束力を持つ文書を意図しているわけではない」一方で、その本文は、ルター派の伝統とエキュメニカルな取り組みの成果の双方に関心を向けつつ、「エピスコペ」に関連した一連の諸問題をルター派共同体のために明らかにしようとした。http://www.lutheranworld.org/sites/default/files/Episcopal%20Ministry%20within%20Apostolicity%20of%20the%20Church.pdf を参照。

（70）Randall Lee and Jeffrey Gros, FSC（eds.）, *The Church as Koinonia of Salvation: Its Structures and Ministries*（Washington, D.C.: United States Conference of Catholic Bishops, 2005）, 49-50, §§ 107-109を参照。

（71）Ökumenischer Arbeitskreis evangelischer und katholischer Theologenもこうした問題を考察した。その成果は、*Das kirchliche Amt in apostolischer Nachfolge*, 3 vols.（Freiburg: Herder and Göttingen: Vandenhoeck & Ruprecht, 2004, 2006, 2008）に収録

されている。

(72) Sylvester Prierias, »Dialogus de potestate papae,« in P. Fabisch and E. Iserloh (eds.), *Dokumente zur Causa Lutheri* (1517-1521), vol. I (Münster: Aschendorff, 1988), 55.

(73) John Eck, »Enchiridion locorum communium adversus Lutherum et alios hostes ecclesiae (1525-1543),« in P. Fraenkel (ed.), *Corpus Catholicorum* 34 (Münster: Achendorff, 1979), 27.

(74) *WA* 7; 97, 16-98, 16 を参照。

(75) *WA* 10/1, 1; 232, 13-14.

(76) Luther, »Preface to the Wittenberg edition of Luther's German writings (1539),« tr. Robert R. Heitner, in *LW* 34: 285; *WA* 50: 559, 5-660, 16.

(77) Luther, »First Lectures on the Psalms,« tr. Herbert J. A. Bouman, in *LW* 10: 332; *WA* 3: 397, 9-11.

(78) Luther, »Bondage of the Will,« tr. Philip S. Watson with Benjamin Drewery, in *LW* 33: 26; *WA* 18: 606, 29.

(79) *WA* 10/2, 92, 4-7.

(80) Melchior Cano, *De locis theologicis*, Book 1, chap. 3 (Migne, *Theologiae cursus completus* 1 [Paris, 1837]), col. 62.

（81）www.vatican.va/archive/hist_councils/ii_vatican_council/documents/vat-ii_const_19651118_dei-verbum_en.html.

（82）こうした争点は、ドイツでは Ökumenischer Arbeitskreis evangelischer und katholischer Theologen でも考察された。その内容は、W. Pannenberg and Th. Schneider（eds.）, *Verbindliches Zeugnis*, 3 vols.（Freiburg: Herder and Göttingen: Vandenhoeck & Ruprecht, 1992, 1995, 1998）に収められている。

（83）Luther, »Large Catechism,« in *BC*, 436-38（訳文は改訂した）; *BSLK* 665, 3-6; 667, 42-46.

第五章

（84）www.vatican.va/archive/hist_councils/ii_vatican_council/documents/vat-ii_decree_19641121_unitatis-redintegratio_en.html.

（85）「したがってわれわれは謙虚な祈りをもって、自分たちに負い目のある人をゆるしているように、神と、分かれた兄弟とにゆるしを求める」（*UR* 7）。

（86）「さらに教会は、だれに対するものであれ、すべての迫害を非難するが、ユダヤ人に向けられる憎悪や迫害や反ユダヤ主義的表現についても、いつ、だれによってなされるものであれ、これを糾弾するものである。それは、ユダヤ人との共通の遺産を心に留めてのことであり、また、政治的な理由からでなく、宗教的・福音的な愛に駆り立てられてのことである」(*NA* 4)。

(87) John Paul II, »Day of Pardon,« 12 March 2000, at www.vatican.va/holy_father/john_paul_ii/homilies/2000/documents/hf_jp-ii_hom_20000312_pardon_en.html.

(88) 教皇ヨハネ・パウロ二世回勅『キリスト者の一致(一九九五年五月二五日)』: *Ut Unum Sint*, 88.

(89) Jan Willebrands, »Lecture to the 5th Assembly of the Lutheran World Federation, on 15 July 1970,« in *La Documentation Catholique* (6 September 1970), 766.

(90) »Action on the Legacy of Lutheran Persecution of 'Anabaptists',« at www.lwf-assembly.org/uploads/media/Mennonite_Statement-EN_04.pdf.

第六章

(91) Luther, »Preface to the Complete Edition of Luther's Latin Writings,« tr. Lewis W. Spitz, Sr., in *LW* 34: 337; *WA* 54; 186, 3. 8-10. 16-18.

略号

AAS　Acta Apostolicae Sedis

ApC　*The Apostolicity of the Church: Study Document of the Lutheran-Roman Catholic Commission on Unity* (2006)

Apol.　Apology of the Augusburg Confession (1530)「アウグスブルク信仰告白弁証」

AS　Smalcald Articles (1537)「シュマルカルデン条項」

BC　*The Book of Concord: The Confessions of the Evangelical Lutheran Church* (Minneapolis, MN: Fortress Press, 2000)『一致信条書——ルーテル教会信条集』(教文館、二〇〇六年)

BSLK　*Die Bekenntnisschriften der evangelisch-lutherischen Kirche* (Göttingen, 1930; 10th ed. 1986)

CA　Augusburg Confession「アウグスブルク信仰告白」

can.　Canon

CD	Vatican II: Decree on the Pasoral Office of Bishops in the Church, *Christus Dominus*「教会における司教の司牧任務に関する教令」
DH	H. Denzinger and P. Hünermann (eds.), *Enchiridion symbolorum definitionum et declarationum de rebus fidei et morum* (Freiburg, 2001)
DV	Vatican II: Dogmatic Constitution, *Dei Verbum*「神の啓示に関する教義憲章」
Epit.	Epitome（Formula of Concord）「梗概」
Eucharist	*The Eucharist: Final Report of the Joint Roman Catholic-Lutheran Commission*（1978）
FC	Formula of Concord（1577）「和協信条」
JDDJ	*Joint Declaration on the Doctrine of Justification*（1999）『義認の教理に関する共同宣言』（教文館、二〇〇四年）
LC	M. Luther, Large Catechism（1529）「大教理問答」
LG	Vatican II: Dogmatic Constitution on the Church, *Lumen Gentium*「教会憲章」
LW	*Luther's Works*, American Edition, ed. J. Pelikan and H. T. Lehmann, 54 vols. (Philadelphia and St. Luis, 1955-1986)
LWF	The Lutheran World Federation（ルーテル世界連盟）

Ministry　*Ministry in the Church*, Lutheran-Roman Catholic Conversation, 1981

PO　Vatican II: Decree on the Ministry and Life of Priests, *Presbyterorum Ordinis*「司祭の役務と生活に関する教令」

SC　Vatican II: Constitution on the Sacred Liturgy, *Sacrosanctum Concilium*「典礼憲章」

SmC　M. Luther, Small Catechism（1529）「小教理問答」

STh　Thomas Aquinas, *Summa Theologiae*, Latin/Engl. Blackfriars（London and New York, 1963）

UR　Vatican II: Decree on Ecumenism, *Unitatis Redingegratio*「エキュメニズムに関する教令」

WA　D. Martin Luthers Werke（Weimar, 1883ff.）（Weimarer Ausgabe）

WAB　D. Martin Luthers Werke-Briefwechsel（Weimar, 1930ff.）

一致に関するルーテル＝ローマ・カトリック委員会による共同声明

第一期（一九六七―一九七二年）

「福音と教会」（マルタ報告、一九七二年）

第二期（一九七三―一九八四年）

「聖餐」（一九七八年）

「すべては一人のキリストのもとに」（一九八〇年）

「共同体への道」（一九八〇年）

「教会の職務」（一九八一年）

「マルティン・ルター――キリストの証人」（一九八三年）

「一致に向かって――カトリックとルーテル教会の交わりの様々なモデル、形と側面」（一九八四年）

第三期（一九八六―一九九三年）
「教会と義認」（一九九三年）
第四期（一九九五―二〇〇六年）
「教会の使徒性」（二〇〇六年）
「義認の教理に関する共同宣言」（一九九九年一〇月三一日、カトリック教会とルーテル世界連盟の代表者によって調印）

一致に関するルーテル＝ローマ・カトリック委員会

《ルーテル側》

委員

エーロ・フオヴィネン博士　引退監督（共同議長）、フィンランド

ワンダ・ダイフェルト博士　牧師、教授、ブラジル

サンドラ・ギンテレ博士　ラトビア

トゥリッド・カールセン・セイム博士　教授、ノルウェー

フィドン・R・ムウォンベキ博士　牧師、教授、タンザニア

フリーデリケ・ニュッセル博士　教授、ドイツ

マイケル・ルート博士　教授、アメリカ合衆国

鈴木・アウグスティヌス・浩博士　牧師、教授、日本

ロナルド・F・シーマン博士　牧師、教授、アメリカ合衆国（二〇一〇年から二〇一二年、同年没）

コンサルタント
テオドア・ディーター博士　牧師、教授、エキュメニカル研究所、ストラスブール

スタッフ
（ルーテル世界連盟）
キャスリン・L・ジョンソン博士　教授、共同秘書

《カトリック側》
委員
ゲアハート・ルートヴィヒ・ミュラー博士　司教、教授（共同議長）、ドイツ（二〇〇九年から二〇一二年）
クルト・コッホ博士　司教、教授（二〇〇九年）
カールハインツ・ディーツ博士　補佐司教、教授、ドイツ（二〇一二年から）
ミシェル・フェドゥー博士　教授、イエズス会、フランス
アンジェロ・マフェイス博士　司祭、教授、イタリア

トーマス・セディンク博士　教授、ドイツ
クリスチャン・D・ウォシュバーン博士　教授、アメリカ合衆国
スーザン・K・ウッド博士　教授、レブンワースの愛徳姉妹会、アメリカ合衆国

コンサルタント
エヴァ＝マリア・ファーベル博士　教授、スイス
ヴォルフガンク・テニッセン博士　教授、エキュメニズムのためのヨハン・アダム・メーラー研究所、ドイツ

スタッフ
（教皇庁キリスト教一致推進評議会）
マティアス・テュルク博士　モンシニョール、共同秘書

解説

『争いから交わりへ』とローマ・カトリック教会

上智大学神学部教授　光延一郎

歴史から学ぶこと

第二バチカン公会議『エキュメニズムに関する教令』第一〇項は、エキュメニズムの進展のためには、それを担う人々が神学および歴史学をしっかり学ぶ必要を述べている。「事実にできるかぎり忠実であるように、……論争の精神をもってではなく、……入念に練り上げられた神学を学ぶことはきわめて重要である」からだ。

このたび邦訳された本書は、二つの教派が互いの歴史と神学を共通の目でふりかえることから交わりを深めるための最適の資料となろう。特に二〇一七年に五〇〇年を迎える宗教改革という、全キリスト教史にとってきわめて重要な出来事を両教会が共同で記念するためには、この資料の研究は欠かせない。

カトリック教会においてエキュメニズム運動の門が大きく開いたのは、第二バチカン公会議においてである。この公会議が指し示す地平は、ローマ・カトリック教会自身にとっても、これまでの姿勢を一八〇度転換させるものだった。すなわちローマ・カトリック教会は、相手を理解するより「断罪」しようとする姿勢が先行した過去の失敗を反省し、キリストの福音にいっそう忠実な教会の形成に向かって踏み出す決意を示している。

公会議は、二度の大戦争で疲弊した世界と、そこで分裂を深めた政治や宗教の間で苦しむ人間たちに平和と和解をもたらす必要を感じた教皇ヨハネ二三世の強いイニシアチブで開始された。この老教皇は、かつて二〇年近くもブルガリア、トルコ、ギリシアでバチカン使節として過ごし、正教会のキリスト教徒と日々接するとともに、教会分裂の悲しみを肌身に感じてきた。その教皇の思いは『エキュメニズムに関する教令』の冒頭、「すべてのキリスト者間の一致を回復するよう促進することは、聖なる第二バチカン公会議の主要課題の一つである」との言葉の内に生きている。そしてこれは「すべての人を一つにしてください」（ヨハネ一七・21）というキリストの願いに従う課題だ。

現代のローマ・カトリック教会が、エキュメニズム対話を進めるための根本的視座は、まず『教会憲章』から読み取れる。すなわち、同憲章第一項が「教会はキリストにおけるいわば秘跡、すなわち神との親密な交わりと全人類一致のしるしであり道具である」（傍点筆者）とする教会観である。キリストの教会は、個別の組織ではなく、神と全人類の交わりのための普遍的な存在である。それゆえ同憲章第八項および一五項では、諸教会的共同体は、唯一の仲介者キリストによる唯一の教会に与かり得るよう、それぞれの聖化と真理をもって、最終的な一致が達成されるまで、主の十字架と死を告げながら、謙虚に浄化と刷新の道を歩むべきことが述べられている。ローマ・カトリック教会として、その方針を詳述するのが『エキュメニズムに関する教令』である。過去ではなく将来にある教会一致のありさまについて、教令は「人は皆、このキリストの唯一のからだに完全に合体しなければならない」（三項、傍点筆者）と言う。

この一致は、信者と司牧者が共に担うべき課題であり（五項）、教令は、そのための教会刷新を強調する（六項）。それは倫理や教義についての正確な表現、また聖書や典礼、教話、信徒の使徒職、修道生活、結婚と家庭、社会と教会のかかわりなど多方面におよぶ。さらに、こうした「回心と生活の聖性」こそが「教会一致運動の全体の魂」（七項）であるとして、「霊的なエキュメニズム」（八項）を呼びかける。これらの改革を根本から推し進めるために『啓示憲章』『典礼憲章』『信徒使徒職に関する教令』『修道生活の刷新適応に関する教令』などの文書が起草されたとも言えよう。その意味で、エキュメニズムは第二バチカン公会議の焦点なのである。

ヨハネ二三世は、すでに公会議前の一九六〇年に、アウグスティン・ベア枢機卿を議長とする「キリスト教一致推進秘書局（現教皇庁キリスト教一致推進評議会）」を発足させた。この事務局は、一九四九年に教義聖省から発表された『教会一致運動に関する指針』を第二バチカン公会議の決定に即して改定した（一九六七年と一九七〇年、最新版は一九九三年『エキュメニズム新指針』）。

さらに抜群の行動力で、多くの他教派代表者と対話するローマ・カトリック教会の姿を世界に強く印象づけたヨハネ・パウロ二世教皇が公にした回勅『キリスト者の一致』（*Ut Unum Sint,* 一九九五年）も、第二バチカン公会議以来のローマ・カトリック教会の立場をていねいに確認している。そこにはペトロの奉仕職において、教会生活の一部であるべきエキュメニズムをキリストのための苦しみとして受け取るとの教皇の真摯な覚悟が記されている。

ルーテルとローマ・カトリックの間では、その後、両教会から選出された作業グループにより、また北アメリカやドイツの研究グループによって数々の報告書が発表されてきた。そうした長年にわたる共同研究の実り、またこの出会いの基準となる道標が、ルーテル世界連盟とローマ・カトリック教会の間で一九九九年一〇月三一日にアウグスブルクにて調印された『義認の教理に関する共同宣言』である。本書も、この共同宣言に基づいて一六世紀の宗教改革で提起された中心問題を歴史の観点から確認し、新たな一歩を踏み出すことに向けられている。

あるカトリック神学者は、エキュメニズムの目標成就に向かう対話は、次のようなプロセスをたどるはずだと言った。

(1)まず初めに、過去の争いについての悔い改めと過ちの告白から始まる。記憶の浄化のために。

(2)次のステップとして、それぞれが受け継いできた信仰理解、すなわち神学の相違について共同で理解する。

(3)共同的神学理解における共通点を探す。

(4)大前提となる、キリスト教の根本真理(三位一体の神や基準としての中心としてのイエス・キリスト)から見直して、相互の立場を吟味する。

(5)相違を乗り越えて、一致に向かう具体的な歩みに共同で踏み出す。

すでに五〇年間にもおよぶルーテル教会とローマ・カトリック教会の対話により、両者の間には教会の改革について一緒に考え、さらに共同の歩みに向かうエキュメニズムのセンスが確かに育ってきた。前教皇ベネディクト一六世は、このたびの二〇一七年に宗教改革を共に記念することについて次のように呼びかけた。「世界中で共同のエキュメニズムの考察に入りましょう。根本問題に取り組む。それを、勝利主義的にではなく、三位一体の神への共同の信仰告白として、従順において」(二〇一一年一月二四日にドイツ合同福音ルーテル教会〈VELKD〉代表たちに語った言葉)。

そしてベネディクトは、この記念への三つの期待を述べた。(1)まずは、過去に両派がなした分裂の咎についてゆるしを願い、主なるイエス・キリストに共同で祈り、記憶と良心の浄化を祈願する。(2)同時に、宗教改革以前の一五〇〇年間の共同の基礎をいかに評価するかを考察する。(3)そこから、いつの日か必ず訪れる真の一致に向かう歩みを支えてくださるように、聖霊の助けを願う。

過去をふり返って史実を検討し、そこから将来に向けて今新たに出発するという歴史的なプロセスに入ることがなにより重要である。本書はこの歩みに入るための手引きであるし、それが二〇一七年を共に記念することの意味でもあろう。その記念は、第一にこの五〇〇年間の対話を通して信仰における改革を共になし得たことへの喜びと感謝。第二に、五〇〇年間の過去における、互いへの不理解と悪意による傷つけ合いを嘆き、痛悔すること。第三に、さらに前進し、完全な一致に向けて歩むことへの希望である。

争いの傷を担うこと

教皇庁キリスト教一致推進評議会の現議長クルト・コッホ枢機卿は、本書の意味として、まず歴史上の争いに正面から向き合い、その傷を担うべきことを指摘する（二〇一三年六月一七日、ジュネーブにおけるルーテル世界連盟での講演）。共に宗教改革を記念するには、まずこの記念が双方にとって何を意味するかを互いからしっかり聞き取ることが大切である。

それは「エキュメニズム忘却の危険」が、近年取り沙汰されていることも背景にある。対話がすでに長年続けられ、立場はさまざまであるが論争はすでに収まっているとか、分かたれた教派同士は別々であるよりも共通点が多いなどとの言葉によって、相違の事実とそれを乗り越えてきた歴史が忘れられ、初めからなにもなかったかのように思われてしまうという危険である。しかし現実として、神学上の見解、制度的な習慣、教会的・文化的な伝統の相違により、分離はあいかわらず続いている。これをさらに克服し、具体的な発展を求め続けることに目を閉ざさぬことが大切であろう。

ルーテルにとって、この記念の意義は「福音」とりわけ人間の義認が、恩恵のみにおいて再発見されたことの喜びを確認することにあろう。ローマ・カトリック教会もこの喜びに与かるべきだが、同時に後者にとっては、この出来事は深い痛みの記憶とも結ばれている。しかも教会の分裂は、歴史上、他の多くの否定的な影響をもたらしてきた。「争いから交わりへ」の「交わり」を語るためには、まず「争い」を見つめ、それを耐えなくてはならない。

マルティン・ルターの根本的な関心は、全教会の包括的な改革であっただろう。教会の一致を乱し、自分たちの新しい教会を建てることが目標であったわけではない。しかしその最初の望みは、ローマ・カトリック教会を拒絶したことにより、やはり成就され得なかった。宗教改革の真の成就とは、今の分裂を克服してこそ実現されるはずだ。それゆえ、教会の一致を再び取り戻すことは、同時に宗教改革を完成させることである。それが二〇一七年に共に宗教改革を記念することの地平であろう。

また教会分裂の「争い」は、ヨーロッパをはじめとする全世界の歴史にも計り知れぬ傷を残した。宗教戦争の結果による文化と倫理の頽落、近代キリスト教の世俗化などである。そこからも、この年の記念を機会として相続されている分裂を克服し、新しい真の教会が誕生することを祈り求めねばならない。

それゆえコッホ枢機卿はさらに、新たに始まる、将来を共に見つめる改革の交わりの道について語る。それはカトリックには、本書が示しているように、過去のマルティン・ルターに対する論争的なイメージを払拭することから始められる。ルターと同時代のヨハネス・コッホレウスから二〇世紀のハインリヒ・ズーソー・デニフレにいたるまで、多くのカトリックがルターをキリスト教の破壊者、モラルの崩れを招いた責任者だと言いつのってきた。二〇世紀のカトリックの歴史家ヨゼフ・ロルツにしてようやく「ルターがなそうとしたことは、彼が自らの内で自分にとって『カトリック的』でないと思われたカトリック主義を打倒したことだった」と、その印象がやわらげられた。

同様にまたルーテルの側には、中世という時代、およびその時代の「カトリック教会」についての正しい見方を得る努力が本書で求められている。すなわち中世とは、決して暗黒の時代ではなく、またマルティン・ルター自身も中世の思考に深く根づいていることである。さらに農民戦争時の農民に対する彼の激しい攻撃や、ユダヤ人に対する憎悪に満ちた言動など、ルターの生涯の陰の部分に向き合うことも必要であろう。

交わりに向かって歩み出すこと

すでに一九七〇年に、ローマ・カトリック教会のキリスト教一致推進秘書局第二代議長ヨハネス・ウィレブランズ枢機卿は、第五回ルーテル世界連盟の総会での基調講演において、「失われてしまった一致を再び取り戻すためには、カトリックにおいてルターの人と業について正しく評価することが不可避の道である」と述べている。そこで枢機卿は、ルターを信仰の改革者、さらに教師であると評価している。「ルターはわたしたちにとって、神が常に主であらねばならぬこと、またわたしたちの人間としての重要な応答は、神への絶対的な信頼と祈りに留まり続けねばならぬことを教えた」。

両教会が、その権威に基づいて調印した『義認の教理に関する共同宣言』では、とりわけ義認論というマルティン・ルターの神学の中心側面について、歴史上初めて同意がなされた。

「義認の教理の根本的諸真理についての合意」ではあるが、それは調印の直前まで両派でもめ続け、その結果は未だ十全ではない。共同宣言自体も、残されている問題は「神の言葉と教会の教理との関係、教会論、教会における権威、教会の一致、職制（ミニストリー）、サクラメント、さらに義認と社会倫理の関係などである」（四三項）と述べている。

『義認の教理に関する共同宣言』について、カトリック神学者も当時さまざまの評価を表明した。教皇庁キリスト教一致推進評議会議長をも歴任したヴァルター・カスパーは、共同宣言が、常に刷新されるべき教会における一つの「進化」（真正の信仰に「新表現」を付加したこと）であり、「統一」ではなく「多様性における一致」「相違を認め合った上でのコンセンサス」「一つの和解された相違」であったと評価し、さらに「コミュニオ」をつくるために「コミュニケーション」の継続と個々の「スピリチュアル・エキュメニズム」の必要を訴えた。またドイツ・カトリック司教協議会会長であったカール・レーマンは、「共同宣言」の「コンセンサス」は「妥協」ではなく、障害の原理的かつ批判的な克服および基準の獲得であり、その同意は、さらに具体的に実証されていかなければならないと述べた。

『義認の教理に関する共同宣言』に続いて取り組まれるべき課題は、洗礼の相互承認、聖餐における交わり、共同の証しと奉仕であろう。一致に関するルーテル＝ローマ・カトリック委員会は、共同宣言の後『教会の使徒性』という研究文書を発表し、また今『洗礼と成長する教会の交わり』という課題に着手しているという。これらは今後、聖餐式、さらに教会と役務についての共同宣言へとエキュメニズムの歩みを進めていくことが求められる。しかしながら、洗礼はローマ・カトリックにおいては「入信の秘跡」として聖餐に向けて展開されるものである。そして洗礼は教会への組み込みとして「教会論的な誕生」でもあり、また聖餐は教会的一致の結実である。それゆえ、聖餐による交わりは「教会的な十全な交わり」を前提とする。

ここからコッホ枢機卿も、カトリックとルーテルの間のエキュメニズム対話がさらに展開されるための出発点は、教会論だと指摘する。その際、教会論はただ「教会の本質とは何か」が他の問題と関わりなしに語られ得るものではない。救いの出来事における神と人間の関係の問題、宗教改革の義認論が主題化した神の恩恵が無条件であること、すなわち結局、神と人間の間を媒介する地上的な制度としての教会の問題として、教会における役務の問題につながっていく。

二〇一三年三月に就任したフランシスコ現教皇は、施政方針の開示ともいえる使徒的勧告『福音の喜び』において、エキュニズムについて語っている（同書244－246）。それはこれまでのバチカンの立場をなぞりながらも、その目標が「平和」と結ばれることを強調する。「ともに歩む仲間の心を信頼し、何よりもわたしたちが求めるものに目を向けねばなりません。それは、唯一の神のみ顔に表れる平和です」（244）。エキュニズムは、この勧告のテーマである「福音宣教」のダイナミズムの自然な結実として、諸教会的共同体が平和のために協力することにおいてこそ到達されるといわれる。「イエス・キリストを受け入れることの助けとなる一致に向けた熱意は、ただの社交や強要であることをやめ、福音宣教という避けることのできない道に変わっていくのです」（246）。

フランシスコは、二〇一三年一〇月二一日にルーテル世界連盟の代表と一致に関するルーテル＝ローマ・カトリック委員会にも語りかけた。そこで彼は、これまでの五〇年におよぶエキュメニズム対話における兄弟的協力に基づき、主イエス・キリストがさらなる前進を与えてくれることを確信しているとし、また「キリスト者たちが分裂している自分たちの和解のために努力していないなら、どうして和解の福音を告げることができるでしょうか」(『キリスト者の一致』98）とのヨハネ・パウロ二世の言葉を引用しつつ、この教皇らしく前向きに、むずかしい問題に対しても「恐れないで行こう」と励まされた。

解説

二〇一七年を共同で記念するために

「(教会) 一致に関するルーテル=ローマ・カトリック委員会」

ルーテル学院大学教授　鈴木　浩

四十数年前から始まった「一致に関するルーテル=ローマ・カトリック委員会」は、バチカンとルーテル世界連盟（ＬＷＦ）の間に設けられた神学対話のための国際委員会である。この委員会は「宗教改革五〇〇周年」にあたる二〇一七年に五〇回目の会期を迎えることになる。この委員会が生み出した最近の成果が、一九九九年一〇月三一日にドイツのアウグスブルクで両教会の代表によって調印された『義認の教理に関する共同宣言』であった。この文書は、カトリック教会と日本福音ルーテル教会の翻訳委員たちによって、宣言の五年後、二〇〇四年に共同訳として出版された（教文館）。そして、出版を感謝する合同礼拝が、一〇月三一日（日）の午後、イグナチオ教会のマリア聖堂で、カトリックの東京大司教とルーテルの総会議長の共同司式で行われた。説教はルーテル学院大学・日本ルーテル神学校の徳善義和名誉教授であった。この文書は、カトリック教会とルーテル教会の分裂を引き起こした教理上の争点であった「義認の教理」を双方の委員が共同で綿密に検討し、義認の教理の基本線で両教会の間には見解の相違がないことを明らかにした画期的な文書であった。無論、細部では微妙な違いも見られたが、この文書は、両教会がこの教理に関して「どこまで同じで、どこが違うのか」を示しつつ、「義認の教理」がもはや二つの教会を分離状態のままにしておく根拠にはまったくならないことを確認している。

それぞれ一〇人ずつから成るこの委員会が、二〇一三年の六月に発表した文書が、この『争いから交わりへ』（*From Conflict to Communion*）である。正式本文はこの委員会の公用語である英語で出版されたが、直ぐにドイツ語版、ポーランド語版、イタリア語版など各国語版が続き、このように日本語版も出されることになった。この委員会にはルーテル側の委員の一人として、徳善義和名誉教授が長期にわたって加わっておられたが、新たな任期（第五期）が始まるときにルーテル側の後任として鈴木が選ばれたので、この文書の作成のプロセスに一部参加した。「一部」というのは、健康上の都合で二度、（二〇〇九年にハンブルク近郊で開かれた委員会と二〇一一年にパーダーボルンで開かれた委員会に）

出席できなかったので、そのプロセス全体には関与することができなかったからである。From Conflict to Communion という文書名を含め、文書がほぼ現在の形になるまでまとまったのは、二〇一一年のヘルシンキでの委員会であった（ちなみに、この会期はもともと京都を会場にして行われる予定であったが、東日本大震災の放射能事故が理由で、地震がないヘルシンキに急遽、会場が変更された。その後、二〇一三年の委員会が八月の半ばのすさまじい暑さの中で、京都で開催された）。

委員会は毎年一週間の会期で行われるが、二〇一一年のヘルシンキでの会場は、郊外の「ソフィア」というロシア正教会のリトリートセンターであった。フィンランドでは福音ルーテル教会とヘルシンキ府主教座裁治権下のロシア正教会とが国教になっていて、朝晩の礼拝は、イコンに囲まれた礼拝堂で行った。礼拝はいつもカトリックとルーテルの日替わり交代制で、この時は鈴木も礼拝と司式を担当する順番になっていた。これも毎回のことであるが、ルーテルが司式する際の聖餐式にはカトリックの委員は陪餐できず、カトリックのミサにはルーテルの委員が陪餐できない。これが委員会の度に毎日繰り返されるので、いやでも主の晩餐の食卓を一緒に囲み、一緒に聖餐の恵みに与かることができない現状が痛々しく体験される。同時に、この委員会の目指す目的が、「聖餐における一致」であることも繰り返し認識されることになる。共に聖卓を囲む日が来るのはいつのことであろうか。しかし、一〇〇年前には、このような文書を両教会が共同で発表し、宗教改革五〇〇周年を共同で記念するなどということは、とうてい想像できなかったのであるから、希望を持って粘り強く相互理解を深めていく必要があろう。

振り返ってみると

本書は、宗教改革の歴史的意義とその後の五〇〇年の両教会の歴史を振り返り、その歴史認識に基づいて、今後に向けた両教会の責務を確認する文書である。振り返ってみれば、二〇世紀は教会史の上で重要な出来事が起こった時代であった。エキュメニズム運動が本格的に始まり、紆余曲折がありながらも諸教会においてエキュメニズムが常に意識され、その進展が目指されるようになった。しかし、最も重大な出来事は、何といっても「第二バチカン公会議」であろう。その成果については、光延氏の解説の中に記されているので、繰り返すことはしないが、教皇に選ばれたときにすでに高齢だったので、「中継ぎ」の教皇の登板であろうという大方の予測を見事に裏切って、ヨハネ二三世は何世紀に一人出るか出ないかという「守護神」であることを実証した。ローマ・カトリック教会と東方正教会の相互破門（一〇五四年）も撤回された。考えてみれば、バチカン公会議が発した『エキュメニズムに関する教令』は、昨年（二〇一四年）が五〇周年ということになる。ローマ・カトリック教会と日本聖公会、日本福音ルーテル教会は、「エキュメニズム教令五〇周年」を祝って、一一月の最後の日曜日に共同の礼拝を行うことになっている。「一致に関するルーテル＝ローマ・カトリック委員会」は、世界的なレベルでこのような交わりの深化を推進する役割を担ってきた。それが様々な国で、様々な形で徐々に実ってきている。史上初のことになるが、「宗教改革五〇〇周年」をカトリック教会とルーテル教会が共同で記念し、そのための準備の一環として本書が出版されたことは、五〇年近くに及んでいるこの委員会の努力の賜物である。

歴史を注視する

『争いから交わりへ』は、二〇一七年に両教会が共同して「宗教改革五〇〇周年」を記念する意義を語っている。第一章の小見出しとして掲げられている「最初のエキュメニカルな記念」「グローバルで世俗的な新たな背景の中での記念」「二〇一七年を記念することに対する新たな課題」は、両教会が置かれている新たな状況の中で――つまり、第一章の表題にあるように、「エキュメニカルでグローバルな時代」に――共に五〇〇周年を記念する意義を確認しているのである。そこには当然のことながら「新たな課題」も提起されている。

この文書の全体を俯瞰するために各章の表題を挙げてみると、

第一章　エキュメニカルでグローバルな時代に宗教改革を記念する
第二章　マルティン・ルターと宗教改革を見る新たな視点
第三章　ルターの宗教改革とカトリック側からの反応に関する歴史的描写
第四章　ルーテル教会とローマ・カトリック教会の対話に照らして見たマルティン・ルターの神学の主要テーマ
第五章　共同の記念に召されて
第六章　五つのエキュメニカルな責務

この文書は、全体として見れば、宗教改革とその後の歴史を振り返ってみているのだが(特に二章から四章)、その際にそうした「振り返り」が両教会の「共通の」認識になっていることが重要である。歴史を注視することは、時に辛い作業になる。見たくないものも見なければならず、忘れたいものも改めて思い起こさねばならないからである。しかし、この「歴史への注視」は、あらゆる事柄の基礎であり、前提となる。ここで誠実でなければ、その後の作業は、いっさいが虚構になる。宗教改革とそれが引き起こした結果は、受け継ぐべき「遺産」にもなったが、清算しなければならない「負の遺産」にもなった。正直に言おう、ルターも、ルーテル教会も、輝かしい「遺産」を残した――それが、その後のプロテスタント教会の伝統となった――が、恥ずべき「負の遺産」もあった。カトリック教会の側でも、同じことが言えるのではないかと思う。この文書の歴史的振り返りは、「遺産」と同時に「負の遺産」も誠実に見つめようとした努力の結果である。十分にそれを果たしているかどうかは、他者からの評価を待たねばならないが、第二章「マルティン・ルターと宗教改革を見る新たな視点」の冒頭に掲げられた基本姿勢は、委員の誰もが常に念頭に置いていたことであった。

過去の出来事は変えることができないが、過去のことで記憶されていることと、それがどのように想起されるのかは、時間の経過と共に確かに変わることがありうる。想起は過去を現在化する。過去それ自体は不可変であるが、現在における過去の現在化の仕方は、変えることができる。二〇一七年を考えてみると、大切なのは、違った歴史を語るのではなく、この歴史を違った仕方で語ることである。（傍点筆者）

これが、この文書を書き上げていく際の委員たちの共通認識であった。

ルター神学の再検証

しかし、宗教改革とその後の余波を検証するためには、その起点となったルターの信仰と神学の厳密な考察が不可欠である。そこから、「ルーテル教会とローマ・カトリック教会の対話に照らして見たマルティン・ルターの神学の主要テーマ」と題された第四章が置かれている。これも、歴史的な振り返りの一部ではあるが、この文書の全二四五項目のうち、実に一二八項目（つまり、半分以上）がこの章に費やされているところから見ても、この章の重要性が理解できるだろうと思われる。また、「ルーテル教会とローマ・カトリック教会の対話に照らして見た」という限定句が示しているように、ここには両教会のこれまでの対話の成果が反映されている。ここでは、ルター神学の中心的関心事が、「ルーテル教会とローマ・カトリック教会の対話に照らして」考察されているのだが、「義認」「聖餐」「職務」「聖書と伝統」という大項目のもとに、ルター神学のエキュメニカルな再評価が行われている。カトリック教会の研究者の間でもルター研究の蓄積がある一方で、ルーテル教会の研究者の側でも「贔屓の引き倒し」でない客観的なルター神学の再評価の蓄積があるので、私見では総じて納得のいく記述が行われていると思う。

この章は、「合意に向かって」という小見出しのもと、初代教会の教会論の総括的表現である unam, sanctam, catholicam et apostolicam ecclesiam（「一つの・聖なる・普遍の・使徒的教会」、ニカイア・コンスタンティノポリス信条、三八一年）を両教会が共に告白してきたことに見られるように、共に「一つの信仰」を抱いてきたことを確認しつつ、「教会の可視性と不可視性の関係、普遍的教会と地方教会の関係、サクラメントとしての教会、教会生活におけるサクラメントとしての叙階（聖職按手）の必要性、司教の聖別のサクラメンタルな特質について、エキュメニカルな対話が更に必要である」という課題認識で閉じられている。

過ちを正直に認め、懺悔する

第五章は、「共同の記念に召されて」と題されているが、二〇一七年を共同して記念する際に、キリスト者の一致の基礎としての洗礼に言及し、カトリックの信徒もルーテルの信徒も、「キリストの同じ体」に帰属していることを確認しつつ、共同の記念に際して心すべき事柄を「記念への備え」、「福音の喜びを共有する」、「悔い、嘆く理由」、「一致を求める祈り」、「過去を評価する」という見出しのもとで提起し、最後に「一致に反してカトリック教会が犯した罪の告白」、「一致に反してルーテル教会が犯した罪の告白」という項目で締め括られている。ここでは、それぞれの教会が過去に犯した罪深い行為が改めて想起され、率直な懺悔が行われている。犯されたすべての過失が具体的に列挙されているわけではないが、過去の罪過に対する真剣な悔い改めと懺悔がなければ、二〇一七年を共同で記念することはできない、という両教会の決意が表明されている。ここで指摘されたり、示唆されたりしている罪過は、ほとんどが欧米での出来事であって、日本の教会にはほとんど関係がないとも言える。しかし、そのような過ちを犯した教会が「一つの同じキリストの体」であることを考えれば、日本の教会も、このような過ちを繰り返してはならないという決意で「一つ」にならねばならない責務を負っている。

教会の責務を共に確認する

最終章「五つのエキュメニカルな責務」は、これまで叙述してきた歴史の振り返りに基づいて、両教会が二〇一七年をきっかけとして共通して担うべき責務が、具体的に五つの項目に要約されている。

第一の責務　分裂という視点からではなく、常に一致という視点から始める責務
第二の責務　絶えず自分自身を変容させる責務
第三の責務　目に見える一致を目指して絶えず前進する責務
第四の責務　イエス・キリストの福音が持つ力を共に再発見する責務
第五の責務　宣教と奉仕の中で、神の憐れみを共に証しする責務

このように、この文書は過去を振り返りつつ、未来へと眼差しを向けている。それは、教会分裂という傷を負いつつも、宗教改革が果たした積極的な意義を生かし、宗教改革が心ならずも引き起こした災禍を決して繰り返さないという両教会の意志表示でもある。それは、しかし、ダビデの「都詣での歌」に歌われているように、「見よ、兄弟が共に座っている。なんという恵み、なんという喜び」（詩編一三三・1）という幻が、現実のものとなるようにという祈りでもある。

本書は、二〇一七年の「宗教改革五〇〇周年」をカトリック教会とルーテル教会が共同で記念するこの機会に、西方教会の最初の大分裂を引き起こしたカトリック教会とルーテ

ル教会が、共同して教会の「目に見える一致」を目指して先頭に立つという決意表明であると共に、二人の共同議長の言葉にあるように、他の教会の兄弟姉妹たちに本書を「開かれた心で、また批判的に研究してくれるようにと、またすべてのキリスト者のいっそう深い交わりへと進む道をわれわれと一緒に歩んでくれるようにと、呼び掛け」ている文書である。

あとがき

本書は、*From Conflict to Communion*: Lutheran-Catholic Common Commemoration of the Reformation in 2017, Report of the Lutheran-Roman Catholic Commission on Unity, Leipzig: Evangelische Verlagsanstalt, 2013 の全訳です。

宗教改革の受け止め方の歴史

いつ、どこで生まれるかということは人には選べません。しかし、二一世紀のこの時、この日本にキリスト者として生を享けていることの不思議と幸いを思わずにはいられません。

二〇一七年、この年は長い神の救済史の中で、なかんずく、二〇〇〇年に及ぶ教会史の中で、特別な節目です。それは、言うまでもなく、あの一五一七年一〇月三一日に、ドイツはヴィッテンベルクで教会の在り方、そしてそれを貫く神学を巡って『九五箇条の提題』と後に呼ばれることになる文書が公にされてちょうど五〇〇年を経た時なのです。一介の修道士、大学の聖書学教授であったマルティン・ルターによって提起され、そのことをきっかけに宗教改革と呼ばれる運動が燎原の火のようにヨーロッパ各地に広がり、また様々な影響を及ぼし、やがては西方教会がカトリック教会とプロテスタント諸教会とに分裂するに至った、その端緒となる出来事が起こった時なのです。

これを境にこの後は近代と呼ばれ、さらに現代が続きます。もちろん、宗教改革単独ではなく、多くの要因が作用し合ってのことですが、間違いなくその中心にあるいは底流に宗教改革があるのです。その意味で、宗教改革は世界史的な出来事です。

ところで、わたしたちキリスト者はこの出来事をどのように受け止めるのでしょうか。大変興味深いことに、今から一〇〇年前の一九一七年、宗教改革四〇〇年の節目の時には日本では相反する見方がぶつかりました（ヨーロッパでは第一次世界大戦の真っ最中でした）。プロテスタント側では、ルターを福音主義信仰の元祖、自由と独立への戦いの英雄と称賛し、カトリック側では教会にレフォメーション（再形成、改革）をもたらしたどころかデフォメーション（変形、改悪）させた張本人と非難されていました。

それから一世紀、驚くべきことに、来たる宗教改革五〇〇年の二〇一七年一〇月三一日にはあの歴史的なヴィッテンベルクの城教会で、ルーテル世界連盟とバチカンとは合同で記念の礼拝を行うのです。ルーテル教会とローマ・カトリック教会とはもはや不倶戴天の敵ではなく、終末の完成の時を目指して共に手を携えて福音を宣べ伝え、世に奉仕しながら地上を旅する同じキリストの教会として認め合い、「主は一人、信仰は一つ、洗礼は一つ」（エフェソ四・4）と信じ合い、一堂に会して三位一体の神を礼拝するのです。なんという変化、なんという前進でしょうか。この記念礼拝（教会に深刻な分裂をもたらしたのですから単純に「祝う」のではなく、悔い改めをなし希望を掲げて歩み出す「記念」の礼拝です）はヴィッテンベルクだけでなく、世界の各地で開かれます。わたしたちの住む日本でもそれが実現することを切に願っていますし、大きな希望を持っています。

新しい理解を生み出したもの

言うまでもなく、この大きな変化は一朝一夕で実現したのではありません。この半世紀の間の、粘り強く、たゆみない、そして誠実な教会間の神学対話と、すべての人が「一つになる」（ヨハネ一七・22）ことを願われた主イエス・キリストの祈りにどこまでも応えようとする両方の教会の祈りと、様々な場面での奉仕を主とした地道な協働の業との積み重ねの成果なのです。エキュメニカル運動の実りです。

ルーテル世界連盟とバチカンの間では一九六七年から様々なテーマを巡って対話が重ねられ、多くの実りをもたらしてきました。そのうちでも最も有名なものが『義認の教理に関する共同宣言』（一九九九年。邦訳、教文館、二〇〇四年）です。国内では共同委員会が刊行した『カトリックとプロテスタント――どこが同じで、どこが違うか』（徳善義和・百瀬文晃編、教文館、一九九八年）が依然として版を重ねています。

四六年に及ぶ世界レベルでの神学対話からついに生まれたのがこの『争いから交わりへ』です。五〇〇年前の出来事を真摯にかつ謙遜に振り返り、またこの五〇年余の公式のエキュメニカルな対話を反映させて、「一致に関するルーテル＝ローマ・カトリック委員会」が数年の真剣な討議を経てまとめあげたものです。本書の内容こそが、二〇一七年の宗教改革五〇〇年記念合同礼拝を可能にしたのです。今日のエキュメニカルな時代に生きるカトリックとルーテルの両教会の公式の宗教改革理解であり、ルターが提起した神学的主題に関する両教会の公式見解です。

その意味で、本書はどうしても日本語訳を出さなければならないと思いました。日本にいるルーテルとカトリックの教会員はもちろんのこと、一人でも多くのキリスト者たちに読んでほしい、それればかりか、いわゆる教会の外の、教会員の何倍もおられるキリスト教に関心を持っている数多の方々にもぜひとも理解してほしいと願いました。これが改革し続ける教会が五世紀をかけて辿り着いた自己理解なのです。ステレオタイプの外からの見方は捨ててほしいし、なにより自分たち自身が見直さなければならない課題です。

公式には一九八五年から始められた日本福音ルーテル教会とローマ・カトリック教会の間の対話は「ルーテル／ローマ・カトリック共同委員会」という形ですでに三〇年近く続けられてきました。その中で「洗礼の相互承認」（一九八八年）がなされ、右記の書物の出版も重ね、つい最近は第二バチカン公会議の中で発せられた『エキュメニズムに関する教令』（一九六四年）の五〇周年を記念して、ローマ・カトリック教会、日本聖公会と日本福音ルーテル教会で歴史上初めての合同礼拝を開き、深い感動を共有したところです（二〇一四年一一月三〇日、東京カテドラル関口教会聖マリア大聖堂）。

本書が日本の、とくにルーテルとカトリックの両教会の中で広く読まれ、学ばれることを通して、真に意味のある宗教改革五〇〇年を記念することができるようになるでしょうし、その記念行事の頂点としてルーテル教会とカトリック教会とが共同で記念礼拝を催すことができるならば、どんなに喜ばしいことでしょうか。これは単に両教会のことだけでなく、キリストの教会全体にとっての和解と一致を目指す歩みにとって掛け替えのない里程標になるでしょう。

この時期、この国でキリスト者として生を享けていることの不思議と幸いを覚えないではいられないと申し上げた通りです。

翻訳の経緯

日本におけるルーテル／ローマ・カトリック共同委員会は、その委員会の中に、国際レベルの「一致に関するルーテル＝ローマ・カトリック委員会」の委員の一人である鈴木浩牧師（ルーテル学院大学教授・ルター研究所所長）がいて、歴史的な文書の作成から採択にまで関わった当事者であったことは誠に幸いなことでした。二〇一三年に京都で開かれたその委員会で採択された直後に、一気呵成に（あたかもルターがヴァルトブルクで僅か一〇週間余で新約聖書をギリシア語原典からドイツ語に訳したように）本書を邦訳してくれていたので、新たに共同委員会によって任命された下記の四名の翻訳委員は、鈴木訳を両教会の神学と歴史を踏まえて、双方から見て納得がいくように詳細に検討し、磨きをかけることに専念しました。

そうは言っても、宗教改革の歴史と中心的主題についての新しい共通理解を述べたこの六章二四五項の文章を正確かつ明瞭に翻訳するという作業は想像以上の手間と時間を要することでした。しかし、言葉を一つひとつ吟味しながら、伝統の違いからくる用語やニュアンスの違いを確かめながら、双方を満足させる訳文を創り上げていく作業は得難い経験でした。今、二〇一七年に二年先だって本書を世に問うことができることは望外の幸いです。

本書の出版と翻訳に携わった委員たち

「ルーテル／ローマ・カトリック共同委員会」の委員は、双方の教会のエキュメニズムに関わっている者たちで、左記の通りです。

ルーテル＝青田勇（共同委員長、二〇一四年五月まで）、大柴譲治（共同委員長、二〇一四年六月から）、徳善義和（顧問）、鈴木浩、江藤直純（二〇一四年五月まで）、石居基夫、白川道生、安井宣生（二〇一四年六月から）、樫木芳昭（日本ルーテル教団、陪席）。

カトリック＝野村純一（共同委員長）、高柳俊一、平林冬樹、長町裕司、光延一郎、関光雄、小林宏子、石井祥裕、岩本潤一（研究委員、二〇一四年六月まで）、油谷弘幸（秘書）。

訳文は共同委員会で確定いたしましたが、鈴木浩が元訳を作成し、編集と翻訳、校正の実務を江藤直純、石居基夫、光延一郎、岩本潤一の四名が担当しました。最終段階で委員を外れたものの岩本氏の豊富な経験に基づく専門的知識と緻密な作業なしには本書の完成には至らなかったであろうことを覚えて、その貢献をとくに記します。

宗教改革五〇〇年を意義深く迎えるためには本書が不可欠であるとの認識を持ち、出版企画に加え、可能な限り迅速に編集・印刷の作業を進めてくださった教文館社長渡部満氏と出版部本書担当の福永花菜氏に心から感謝申し上げます。

本書が、わたしたちの愛する教会が「常に改革し続ける教会」であるために役に立つことを願いつつ、広く教会と世に送り出します。

二〇一四年一二月

編集・翻訳委員を代表して　江藤直純

争いから交わりへ
——2017年に宗教改革を共同で記念するルーテル教会とカトリック教会

2015年 2月15日　初版発行
2016年10月31日　2版発行

訳　者　ルーテル／ローマ・カトリック共同委員会

発行者　渡部　満

発行所　株式会社　教 文 館

〒104-0061 東京都中央区銀座4-5-1　電話 03 (3561) 5549　FAX 03 (5250) 5107
URL　http://www.kyobunkwan.co.jp/publishing/

印刷所　モリモト印刷株式会社

配給元　日キ販　〒162-0814　東京都新宿区新小川町9-1

電話 03 (3260) 5670　FAX 03 (3260) 5637

ISBN 978-4-7642-6457-1　Printed in Japan